CAROLINA DONIS

USA
TU
VOZ

**CÓMO USAR
TU PODER PERSONAL
PARA ALCANZAR
TU PROPÓSITO Y SER
UN LÍDER IMPARABLE**

© 2024 Carolina Donis.
Reservados todos los derechos.
Prohibida la reproducción total o parcial de este libro,
por cualquier medio, sin permiso escrito de la autora.

ISBN 978-0-9886158-9-2

Michelle Juárez
Edición

YCREA
Diseño y diagramación

Edición 2024

Carolina Donis
USA TU VOZ
CÓMO USAR TU PODER PERSONAL PARA ALCANZAR TU PROPÓSITO Y SER UN LÍDER IMPARABLE
Guatemala, Centroamérica, 2024.

126 p: 23 cm.

1. ¿Conoces cómo suena tu voz? Tu historia importa
2. El desafío de usar tu voz
3. Las mentiras que asumimos como verdades
4. Tú defines quién eres
5. Estrategia L.O.V.E.
6. Live your purpose - Vive tu propósito
7. Overcome obstacles - Supera los obstáculos
8. Value yourself and others - Valórate y valora a los demás
9. Excell in what you do - Destaca en lo que hagas

Este libro es para ti que te estás esforzando por ser tu mejor versión.

Oro porque Dios te ayude a encontrar tu voz y comprender lo necesaria que es tu luz para iluminar al mundo.

Nuestro miedo más profundo no es que seamos inadecuados. Nuestro temor más profundo es que seamos enormemente poderosos. Es nuestra luz, no nuestra oscuridad, lo que más nos asusta. Nos preguntamos: '¿Quién soy yo para ser brillante, hermoso, talentoso y fabuloso?' En realidad, ¿quién eres tú para no serlo? Eres un hijo de Dios. El disminuirse no le sirve al mundo. No hay nada de sabiduría en encogerse para que otras personas no se sientan inseguras a tu alrededor. Todos estamos destinados a brillar, como hacen los niños. Nacimos para manifestar la gloria de Dios que está dentro de nosotros. No es solo en algunos de nosotros; está en todos. Y cuando dejamos que nuestra propia luz brille, inconscientemente damos permiso a otras personas para que hagan lo mismo. Al liberarnos de nuestros propios miedos, nuestra presencia automáticamente libera a otros.

Marianne Williamson

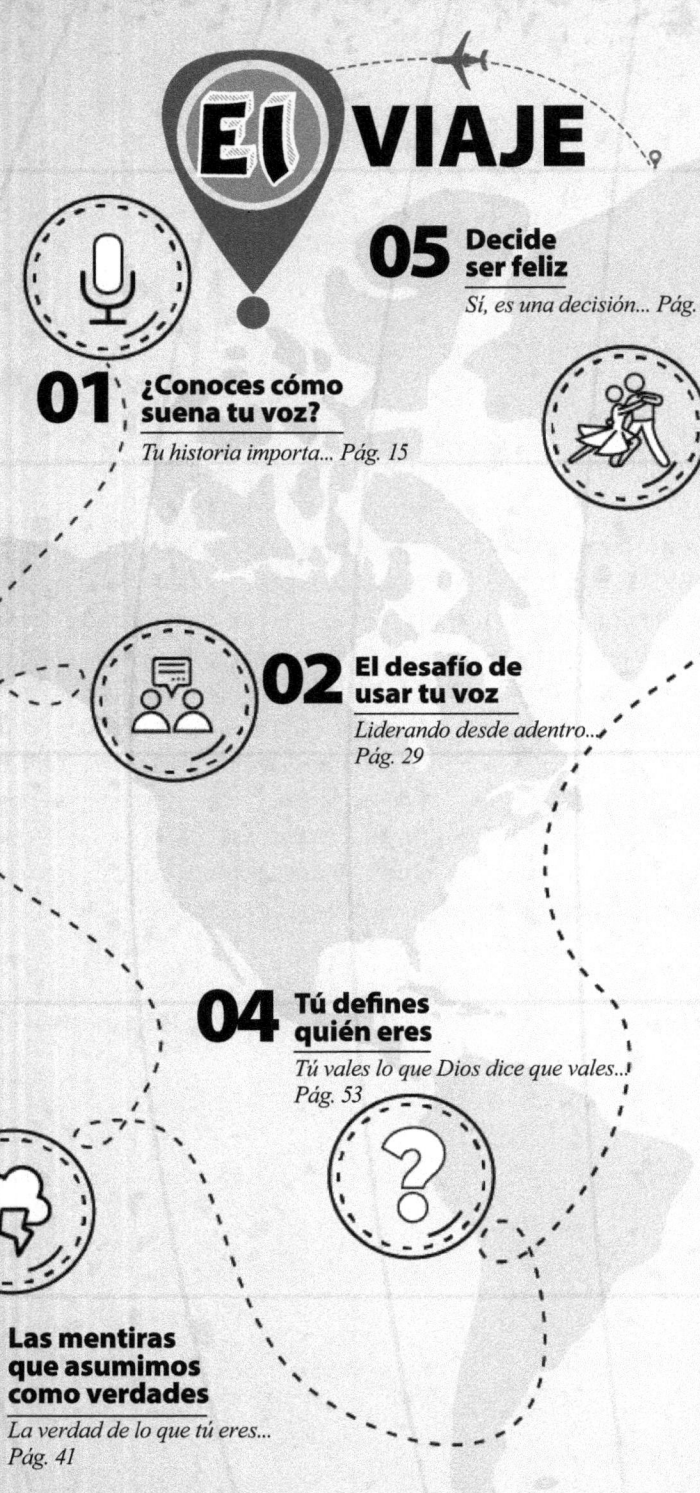

El VIAJE

05 Decide ser feliz
Sí, es una decisión... Pág. 65

01 ¿Conoces cómo suena tu voz?
Tu historia importa... Pág. 15

02 El desafío de usar tu voz
Liderando desde adentro... Pág. 29

04 Tú defines quién eres
Tú vales lo que Dios dice que vales...! Pág. 53

03 Las mentiras que asumimos como verdades
La verdad de lo que tú eres... Pág. 41

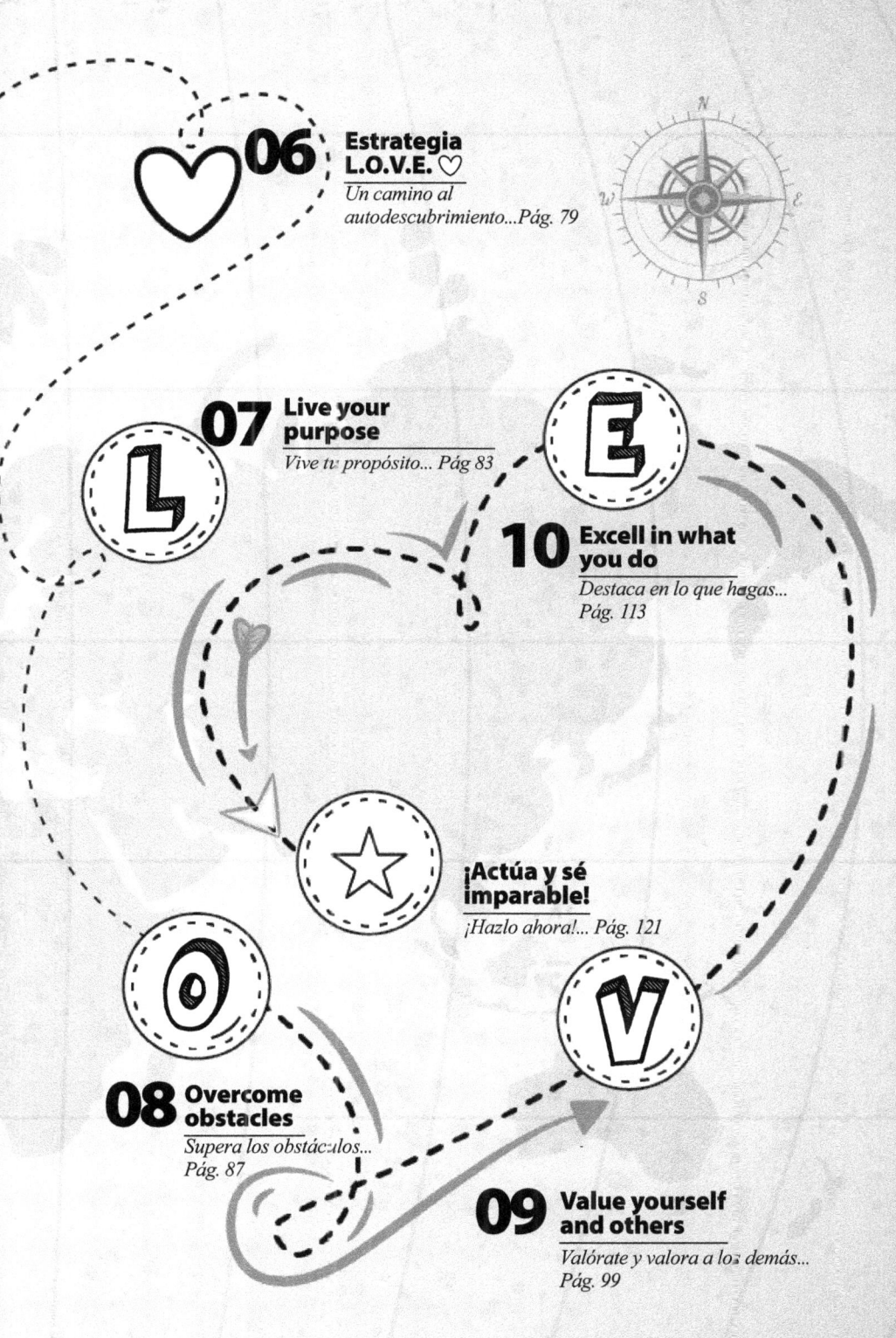

Una VOZ para escuchar

Prólogo

Carolina Donis,
impactante mujer, profesional, líder, conferencista y ahora autora de este excelente libro, cuenta con la firmeza para avanzar hacia las metas que se propone, y las sobrepasa.

La escuché por primera vez en el auditorio del evento "Emprendedores extraordinarios", de la organización 24/7, en Dallas Texas, en el que ambas fuimos speakers. Quedé muy impactada. No solo por su tema, sino por cómo inició su charla.

Ella entró al escenario después de que concluí mi conferencia sobre "Emprendedores de extraordinaria influencia". Aquella interesante líder de Guatemala, con su radiante chaqueta anaranjada, contaba con algo especial.

Aunque jamás me imaginé lo que sucedería. Cuando comenzó a hablar me dejó asombrada. Fue demasiado el impacto. Inició con una historia que de verdad me tocó el corazón y me provocó lágrimas de emoción.

Caro tomó el micrófono y dijo de manera contundente, como su particular estilo: "Hace nueve años, durante una conferencia en mi país, Guatemala, la speaker invitada era Sonia González-Boysen, a quien acaban de ver y escuchar. Recuerdo muy bien que, en aquella ocasión, ella habló con increíble pasión sobre cómo ser un líder con 'power' en su comunicación. Ese día ella me inspiró y sin saberlo me motivó para avanzar en el camino que me había propuesto. ¡Gracias, Sonia!"

Así inició Carolina Donis su presentación sobre liderazgo, una de las mejores que he escuchado. No solo me sentí honrada, sino impactada por su valioso aporte a los emprendedores y líderes. Y me dije: "Aquí hay una VOZ para escuchar".

Además de ser una muy grata sorpresa, fue de verdad emocionante escucharla. Creo que Dios nos conectó nueve años atrás en Guatemala, con un propósito. Fue una conexión providencial.

Poco después la invitamos a mi podcast "¡Hagamos CLIC!" Entonces leí su biografía para presentarla. De verdad que me llenó de ánimo ver la historia profesional de una mujer hispana que se ha destacado como estudiante en renombradas universidades como Harvard, Berkeley y la Sorbonne, además como líder de organizaciones mundiales.

Bueno, pero ahí no paró todo. Mi asombro y admiración crecieron aún más cuando leí las páginas de este libro que tienes en tu mano. Me pareció bien escrito y con un contenido relevante.

En esta obra, Carolina Donis te lleva página tras página, en un recorrido por su propia historia de crecimiento a través del dolor, de las alegrías, grandes satisfacciones y logros impresionantes para entender algo que es definitivo si deseamos alcanzar el éxito: saber cuál es tu propósito. Eso definirá por completo la dirección que tomes y el nivel de trascendencia que logres.

De verdad es un libro con mucha riqueza en aprendizajes, testimonios, referentes interesantes y claves, impregnado de mucha inteligencia emocional. Carolina nos brinda enormes aportes como abogada, psicóloga y coach.

Capítulo por capítulo, este libro te lleva a entender el valor de tu propia voz, y a saber cómo suena ante el mundo. De esa forma, te impulsa a una exclamación urgente: ¡Usa tu voz!

Caro te brinda interesante información, un plan de formación y de transformación. Te explica cómo ella pasó de dudar a creer de verdad. De manera muy amena muestra las mentiras que nos creemos y nos impiden alcanzar nuestro propósito. Con una conclusión muy clara acerca de cómo tú mismo defines quién eres.

Ella te lleva de la mano en este libro, en forma agradable, con lenguaje profesional y profundidad espiritual, para que puedas superar los obstáculos que te impiden cumplir con tu visión.

Como valor agregado, en uno de los capítulos, que considero muy importante, te ayuda a saber cómo valorarte. Porque solo de esa manera lograrás, como ella misma lo dice, "sobresalir en lo que elijas hacer".

En el capítulo culminante te motiva e inspira para lograr tu propósito a través de la fórmula que ella misma ha utilizado en su carrera con tanto valor y éxito: "Actúa y sé imparable".

En medio de todo ese valioso contenido, Carolina Donis nos comparte y demuestra que en ella existe un Espíritu superior que la acompaña; su fe, a prueba de todo, le ha dado fortaleza y sabiduría para ser una líder ejemplar. Con el testimonio real de un carácter bien formado, más allá del saber, desde el ser.

Me alegra mucho ver cómo Caro nos sorprende ahora y se destaca como escritora con un estilo de alto nivel, auténtico, limpio y coherente.

Sobre todo, se agradece el brillo especial que irradia la marca personal de su comunicación; Carol transmite desde el fruto de su propia vida que ahora te comparte en las páginas de este fabuloso libro, escrito con amor para ti.

Este libro es una VOZ para escuchar.

Sonia González-Boyzen
Autora - Mentora - Speaker
CLIC Mentors

¡Bienvenidos a este viaje!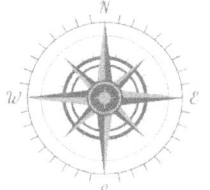

Este libro se trata de ti, del inmenso potencial que tienes y puedes desarrollar si así lo deseas. No es un libro de "autoayuda" porque en mi experiencia es esencial el reconocimiento de un poder superior que nos ama y nos desea el bien. Así que es un libro de "Dios te ayuda" si tomas la valiente decisión de trabajar en ti para descubrir tu luz.

En estas páginas te comparto temas que he enfrentado y trabajado en mí. No importa cuántos títulos universitarios tengas o si no los tienes, siempre necesitaremos descubrir nuestra voz y fortalecernos para compartir nuestro mensaje personal. Yo ya era abogada y consejera psicológica cuando me vi confrontada con mis miedos, con entender mi autovalía y con un sin número de creencias limitantes instaladas desde mi niñez en mi mente entre otros obstáculos para ser quien soy ahora.

La belleza de creer en el crecimiento personal es que siempre hay otro nivel, siempre hay algo nuevo que aprender y no importa si hemos tenido la oportunidad de comenzar fundaciones, empresas o que tus ojos tengan el privilegio de ver a millones de personas impactadas con tu mensaje, siempre, siempre hay nuevas metas y sueños por alcanzar.

Mi intención con este libro es ayudarte a encontrar tu propia voz, a que aprendas a usarla y entiendas que el mundo necesita eso que solo tú tienes porque solo a ti te fue dado. Para lograrlo navegaremos en la ruta del descubrimiento de tu propósito, sortearemos tus creencias fundamentales que originan tus pensamientos y sentimientos. Esta ruta es fundamental para tomar las decisiones que te hacen ser tú y te permiten tener la vida en abundancia que deseas.

Esta es una guía práctica que te ayudará a visualizar un plan para avanzar. Está hecha con mucho cariño y con la profunda convicción de que tu vida importa, de que todos necesitamos escuchar tu voz y ver brillar la luz que te fue dada.

Ahora podemos comenzar…

¿Conoces cómo suena tu voz?

Tu historia importa

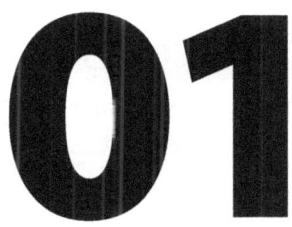

> *La vida es un regalo, y con el tiempo descubrimos que el regalo eres tú.*
> — Eleanor Powell

¿Es posible que alguien, profundamente herido por el maltrato físico, verbal y psicológico que vivió toda su niñez, pueda afirmar que su vida importa? ¡SÍ! Es posible y te lo digo con toda seguridad porque un amigo muy querido lo logró.

Conocí a John Griffin en una reunión con el equipo de John Maxwell al que ambos pertenecíamos en ese momento. Su actitud siempre amable y dispuesta a servir nos conectó de inmediato. Aunque no fue sino algunos meses después, cuando me contó su historia, que pude valorar más aún su determinación por compartir con el mundo el amoroso y poderoso mensaje con el que Dios tocó su corazón: "TÚ ERES IMPORTANTE".

"¿Sabes, Carol? Después de años de sufrir los golpes y gritos de mi madre… después de la incertidumbre y el dolor de verme solo cuando se supone que debía ser amorosamente educado…después de todas esas experiencias traumáticas…cuando yo era un joven buscando mi camino, intentando sanar, durante una actividad especial a la que asistí organizada por John Eldridge, Dios me dijo que yo importaba, que yo valía, y le creí. Ahí también descubrí mi propósito de compartir con el mundo que todos tenemos un valor intrínseco, que todos valemos y nuestra vida importa. Sí, nuestra existencia hace la diferencia si decidimos aprovecharla para bendecir a otros", me explicó luego de contarme los difíciles años de niñez que superó junto a su madre, a quien luego diagnosticaron con varios desórdenes psiquiátricos como bipolaridad y trastorno maníaco depresivo.

¿Cuál es tu historia? ¿Cuál es tu experiencia de vida? Por experiencia puedo asegurarte que todo lo que has vivido importa porque es parte de quien eres, es parte de tu voz. Cada uno de nosotros posee una voz singular y especial. ¡No me refiero solo a nuestras habilidades de canto en la ducha! ¿Sabías que la voz es como la huella dactilar porque no hay una idéntica? Nuestro timbre de voz es único, es una firma sonora personalizada. Imagina un coro de pájaros, cada uno tiene su propia melodía; aunque a nosotros nos suene igual, los pájaros pueden identificarse por los sonidos que emiten. Igual sucede con las demás especies que nos comunicamos a través de sonidos.

¡Qué maravilla! ¿No te parece? Nuestro mundo es así de diverso y lo más hermoso es que cada uno de nosotros suena diferente porque la mezcla de sentimientos, pensamientos y experiencias es singular. Y en la diferencia se encuentra la riqueza de posibilidades y de aprendizajes mutuos. Funcionamos interactuando, relacionándonos, compartiéndonos, comunicándonos. La voz de mi amigo John, forjada en el sufrimiento de una infancia traumática, ahora habla de perdón y del precioso valor que tienen quienes superan las dificultades para compartir sus experiencias, tal como él me ha dicho: "Mi propósito es ayudar a la gente a descubrir su valor intrínseco, a conocerlo y a vivirlo con valentía."

¿Qué es lo que comunicas? Tu voz es valiosa, lo que tienes que decir importa porque suma y multiplica en otros, cuando eres intencional en compartirlo con el deseo de aportar al crecimiento de los demás. Yo misma tuve que aprender a entender que mi voz, mi vida, valen; fue un proceso, por eso creo tanto en ti; aunque no te conozca, sé que eres un ser valioso enviado a este mundo con dones y talentos especiales.

Abracemos nuestra voz, disfrutemos de su peculiaridad y hagamos eco de nuestra singularidad en el mundo. ¡Es hora de que nuestra voz impacte y brille con su propio ritmo!

La pregunta del propósito: ¿para qué estoy aquí?

Esta pregunta condensa la esencia del ser humano. Por eso no es tan fácil responderla, además de que la respuesta es personal y única, ya que cada uno tiene su propia perspectiva, producto de sus experiencias particulares.

Mi propósito es brindar herramientas a las personas para que logren ser la mejor versión de sí mismas; ese propósito puede parecerse al tuyo, pero se hará realidad de forma totalmente diferente porque tú y yo somos diferentes.

En general, se podría decir que el propósito de la vida es descubrir y dedicarnos a aquello que nos brinda sentido de realización y trascendencia. Para algunas personas puede relacionarse con lograr el éxito en su carrera, tener una familia amorosa, viajar por el mundo, hacer una contribución positiva a la sociedad, o buscar la verdad y la sabiduría en la vida. Para otros, puede significar encontrar la paz interior y la iluminación espiritual.

Como ves, encontrar el propósito de nuestra vida requiere reflexión y exploración. Puede implicar un proceso de descubrimiento personal y autoconocimiento. Debemos conocer nuestras fortalezas, debilidades, intereses, valores y pasiones. Esto puede requerir la experimentación y el aprendizaje de nuevas habilidades y saberes para encontrar nuestro camino hacia un propósito significativo y satisfactorio.

La vida es un viaje de aprendizaje continuo y el camino hacia nuestro propósito puede estar lleno de altibajos. Por eso, es importante recordar que no hay una respuesta única o definitiva a la pregunta del propósito; incluso, el propósito puede ser diferente para cada persona en diferentes momentos de la vida.

¿Has escuchado hablar de John Maxwell? Pues es un autor y conferencista reconocido internacionalmente en el campo del liderazgo y el desarrollo personal. Haber sido mentoreada personalmente por él durante varios años ha sido una de las bendiciones más grandes que he tenido. John siempre nos recordaba la importancia de encontrar nuestro propósito. Específicamente nos dice que el propósito en la vida es el resultado de:

1. Nuestra perspectiva que se refiere a nuestra forma de ver el mundo, lo que incluye nuestras creencias, valores y experiencias
2. Nuestra pasión es decir a lo que nos apasiona y nos llena de energía y entusiasmo
3. Nuestro pasado, nuestras experiencias y lecciones aprendidas a lo largo de la vida.

Nuestro propósito, afirma Maxwell, no se encuentra fuera de nosotros mismos, sino dentro, por lo que somos responsables de descubrirlo y definirlo, ya que es fundamental para el éxito y la felicidad. Sin un propósito claro, podemos sentirnos perdidos o desmotivados como personas y profesionales. En cambio, cuando tenemos un propósito claro, podemos enfocar nuestros esfuerzos y energía en lograr esas metas y objetivos, además, nos sentimos más motivados y satisfechos.

Otro referente sobre este tema es el escritor y conferencista Daniel Pink. En su libro "Drive: The Surprising Truth About What Motivates Us" es decir: "La sorprendente verdad sobre lo que nos motiva", explora la importancia del propósito.

Según Pink, el propósito es uno de los tres elementos fundamentales de la motivación intrínseca, es decir, la motivación que surge dentro de nosotros y no se basa en recompensas externas. Los otros dos elementos son la autonomía y la competencia.

Él explica que tener un propósito claro y significativo en nuestra vida y trabajo es fundamental para la motivación, satisfacción y bienestar emocional. Cuando tenemos un propósito claro, sentimos que nuestras acciones tienen un sentido y una razón de ser, lo que nos ayuda a mantenernos motivados y enfocados en nuestros objetivos. En el caso de mi amigo John Griffin, al descubrir que su propósito era ayudar a las personas a descubrir que valen y que también tienen propósito, encuentra motivación y satisfacción al servir en las comunidades y también al brindar coaching a personas. Él encontró la plenitud y el sentido de su vida allí. Por eso dice que lo hará hasta que no tenga fuerzas, le paguen por hacerlo o no.

Lo que va muy de la mano con lo que Daniel Pink asegura: "El propósito no se trata solo de nosotros, sino que también se relaciona con algo más grande que nosotros mismos." Así que nuestro propósito debe estar alineado con nuestros valores y con lo que consideramos importante en la vida. ¡Justo como mi amigo John Griffin me lo explicó al contarme su historia! "Dios tiene un plan para ti y para mí. Dios nos ha creado a cada uno con cierta misión especial. Él no crea personas simplemente porque sí, por diversión, no; Él ha planeado nuestra vida y si aún no conoces cuál es su plan para ti, ve y pregúntale porque te responderá", me dijo con total convicción.

"Es más, te motivo a que hagas de tu búsqueda de Dios lo más importante en tu jornada. Porque encontrar nuestro propósito requiere disciplina y cambio de hábitos. Yo lo hice. Recibir esa afirmación que tanto necesitaba fue solo el principio. Luego tuve que decidir avanzar por ese camino recién descubierto. Así que todos los días, de madrugada, lo primero que hago es conectarme con Dios para que me guíe en el propósito que me dio de alcanzar a más personas para compartirles el amor y verdad que tiene para ellos", me explicó John con esa inconfundible luz en su mirada.

Como puedes notar, mucho se ha hablado sobre el propósito porque no es poca cosa sino que la piedra angular de nuestra vida y del desarrollo de nuestro liderazgo. Joel Osteen es otro escritor cuyo enfoque nos aporta mucho.

Según Osteen, nuestro propósito es encontrar y cumplir el plan que Dios tiene para cada uno de nosotros. Él cree que Dios nos ha dado dones y talentos únicos y que encontramos la verdadera realización al utilizarlos para provocar una diferencia positiva en el mundo. Además, nos anima a encontrar nuestro propósito a través de la oración, la meditación y la reflexión.

De acuerdo con este enfoque, el propósito de nuestra vida es ser felices y realizados, lo que es posible a través de la conexión con Dios, la práctica de la gratitud y del pensamiento positivo que nos impulsa.

 Veamos algunas ideas para este proceso de encontrar tu propósito:

1. Reflexiona sobre tus valores y creencias. Piensa en aquello que es importante para ti y lo que te apasiona. Reflexiona sobre tus creencias y principios, y cómo están relacionados con tu propósito de vida.
2. Analiza tus habilidades y fortalezas. Identifícalas y piensa en cómo puedes utilizarlas para ayudar a los demás o para hacer una diferencia positiva en el mundo.

3. Examina tus experiencias buenas y malas, y piensa en cómo te han ayudado a crecer y aprender. Pregúntate qué puedes hacer con tus experiencias para ayudar a los demás.
4. Busca inspiración en otras personas que hayan encontrado su propósito de vida. Lee libros, escucha podcasts o asiste a conferencias que traten sobre el tema.
5. Experimenta. Prueba cosas nuevas y explora tus intereses. No tengas miedo de intentar algo diferente o de salir de tu zona de confort.
6. Busca orientación. Si te sientes perdido o confundido, busca a un coach o mentor. Alguien con experiencia puede ayudarte a encontrar tu camino y guiarte en el proceso de descubrir tu propósito de vida.
7. Sé paciente y mantén una mente abierta. Descubrir tu propósito puede tomar tiempo y no necesariamente encontrarás la respuesta de inmediato. Mantén una mente abierta y sigue explorando hasta que encuentres lo que te hace sentir más realizado y satisfecho en la vida.

Recuerda que encontrar tu propósito de vida no es un proceso que sucede de la noche a la mañana. Tómate el tiempo que necesites y sé paciente contigo. Continúa explorando, experimentando y reflexionando hasta que encuentres lo que te hace sentir más realizado y satisfecho en la vida.

La primera vez que pensé en escribir mi propósito, tenía veintiocho años y participaba en una certificación del Haggai Institute, en Maui, Hawái. Yo era la más joven de casi cien mujeres invitadas a aprender sobre liderazgo. Durante uno de los ejercicios me pidieron escribir mi misión y visión como lo hacen las empresas. ¡Fue nuevo para mí! Nunca había pensado en hacerlo de esa forma y la verdad me intimidó un poco.

Fue un reto interesante porque me forzó a pensar y escribir lo que yo quería hacer con mi vida. Esa reflexión impactó profundamente mis decisiones. ¿Qué tal si tú también lo haces? ¡Sí, vamos! Te animo a que tomes lápiz y papel, busques un lugar y tiempo especiales para reflexionar y escribir cuál visualizas que es tu misión (qué le brindas al mundo) y visión (dónde te visualizas, cuál es tu aspiración e impacto a largo plazo) personales.

En este libro te estaré dando fragmentos de libros que me ayudaron a encontrar esa definición de propósito que tanto buscaba. Uno de ellos fue el libro "Primero lo primero", de Stephen Covey, quien nos habla sobre la importancia de descubrir nuestro propósito personal.

Él afirma que el propósito personal es la base de una vida efectiva y significativa. Es lo que nos da dirección y nos ayuda a tomar decisiones alineadas con nuestros valores y objetivos más importantes, por eso, está fundamentado en nuestros principios más profundos, y no en objetivos superficiales como el dinero o el poder.

El camino para descubrir nuestro propósito será conocernos, así que la sugerencia es hacer una lista que nos represente:

- fortalezas y habilidades
- valores y principios
- metas y sueños
- lo que nos apasiona.

Luego, debemos reflexionar sobre cómo podemos usar estas fortalezas y habilidades para hacer una contribución positiva al mundo. Entonces, podremos responder: "Estoy aquí para…"

Más adelante, encontrarás ejercicios para trabajar tus valores y tu propósito. Primero establezcamos los fundamentos.

La pregunta del significado: ¿importa mi vida?

La respuesta en corto es que tu vida importa y mucho. De eso se trata el ejercicio de descubrir y usar nuestra voz, porque nadie puede lograr lo que solo nosotros podemos. Si lo analizas, nadie puede acercarse a tu familia, a tus amigos, a tus colaboradores como tú puedes hacerlo. ¿Por qué? Porque simplemente nadie puede ocupar tu lugar, decir y hacer lo que tú puedes con tus acciones y tu voz.

"Carol, somos perfectamente imperfectos, pero únicos, por eso podemos ser líderes que transformen el mundo. Lo que necesitamos es la buena disposición para contribuir con el bienestar de los demás, a partir de nuestro bienestar fundamentado en el perdón, en el amor, en la verdad", me explicó John Griffin respecto a mi pregunta de si todos podemos ser líderes a pesar de lo que hemos vivido.

Por eso, propósito y significado van de la mano, porque descubrir nuestro propósito le da significado a lo que decimos, pensamos y hacemos. Alguna vez, una jovencita muy inteligente después de una conferencia me dijo: "Pero soy insignificante en comparación con la vastedad del universo. ¿Qué puedo hacer yo que no pueda hacer alguien más en este mundo lleno de gente?"

Si lo vemos desde esa perspectiva universal, por supuesto que nos sentimos como un granito de arena en el desierto del Sahara, pero si cada granito de arena pensara que no sirve para nada, el Sahara no existiría. *Nuestra vida importa y tiene sentido en sí misma, y también en la relación con otras vidas.* No nacimos nada más para robar oxígeno, nacimos con un propósito que solo nosotros podemos descubrir y cumplir.

Esta jovencita con una capacidad impresionante para expresarse, luego de explorar sus talentos y sus gustos en un par de carreras universitarias, encontró su pasión en la comunicación y sí que ha hecho la diferencia en su mundo al convertirse en la voz de un grupo de chicas que gracias a ella se han dado a conocer en el mundo de las artes plásticas. ¿Acaso no es inspirador? ¡Ella encontró su propósito al explorar sus gustos y talentos! Justo es lo que debemos hacer.

Cada uno de nosotros es un conjunto único de talentos, habilidades y experiencias que pueden hacer la diferencia en un hogar, una escuela, una universidad, una comunidad, un país y en el mundo. Incluso pequeñas acciones pueden tener un gran impacto en la vida de otras personas y en la sociedad. Una mujer que admiro muchísimo porque logró hacer realidad este enfoque de propósito es Malala Yousafzai, quien se convirtió líder mundial cuando levantó su voz en favor de la educación de las mujeres. Ella es una activista pakistaní que a los once años comenzó a escribir un blog anónimo para la BBC en el que documentaba la vida bajo el régimen talibán en Pakistán y abogaba por la educación de las niñas. A los quince años, sobrevivió a un intento de asesinato por parte de los talibanes mientras se dirigía a la escuela. Le dispararon en la cara y la dejaron tirada, asumiendo que había muerto.

> Cada persona es única y a la vez una más en la sociedad. Todos somos necesarios.

Después del ataque, continuó su lucha por la educación de las mujeres. En 2014, fue la persona más joven en recibir el Premio Nobel de la Paz por su trabajo en defensa de los derechos de las mujeres y la educación.

Malala Fund, su organización, lucha por el derecho a la educación de las niñas en todo el mundo, y ha trabajado incansablemente para inspirar a las personas. Su vida y su trabajo son un testimonio del poder de una persona para hacer la diferencia en el mundo y luchar por una causa mayor, tal como también lo hace mi querido amigo John Griffin y tantos otros que conozco. Ese es nuestro llamado y para cumplirlo tenemos una voz única. ¿Ya descubriste cuál es tu voz, cuál es ese mensaje que puedes compartir con el mundo porque nace de tu experiencia personal y que ayudará a muchos?

Puedo asegurarte de que encontrarás significado a tu vida al revisar tu historia, al verla con ojos generosos porque tus aprendizajes son valiosos para ayudar a otros. Es lo que he descubierto a lo largo de mi vida y he decidido compartirlo ya que solo a través de la conexión que logramos al usar nuestra voz y contribuir con el crecimiento de otros alcanzamos la plenitud de vivir nuestro propósito.

La voz que cambió la historia

Sin duda, Jesús es el líder por excelencia, el que marcó la historia de la humanidad con un antes y un después. Creo que luego de estas cuantas páginas, habrás notado que soy cristiana y mi enfoque de liderazgo se fundamenta en esos principios. Estoy convencida de que, sin importar la religión, todos podemos aprender de líderes que han cambiado al mundo, y Jesús es uno de ellos.

Él habló mucho sobre lo valiosa que es nuestra vida y la importancia de nuestro propósito. Enfatizó el amor a Dios y el amor al prójimo -al prójimo, a quienes nos rodean- como a nosotros mismos. Podría afirmar que el fundamento de su liderazgo es el amor y el servicio, tal como lo descubrió y me compartió mi amigo John Griffin. Precisamente lo que ahora afirmo: el amor y el servicio son fundamentales para encontrar el significado y propósito de nuestra vida.

Jesús nos enseñó que cada persona es única y tiene un propósito específico. En la Biblia, en el libro de Mateo 5:14-16, Él dice: "Vosotros sois la luz del mundo. No se puede ocultar una ciudad situada en lo alto de una montaña. Ni se enciende una lámpara y se pone debajo de un cajón, sino sobre el candelero, y alumbra a todos los que están en la casa. Así alumbre vuestra luz delante de los hombres, para que vean vuestras buenas obras y glorifiquen a vuestro Padre que está en los cielos."

Estas palabras sugieren que cada uno de nosotros tiene un papel importante en el mundo y que debemos compartir nuestra luz con los demás, es decir nuestros talentos, valores y acciones positivas, nuestra voz. Hacerlo es parte de nuestro propósito y le da significado a nuestra existencia.

Una vida con propósito

Así se llama el famoso libro escrito por Rick Warren, quien afirma que la importancia de nuestra existencia radica en descubrir y cumplir nuestro propósito. La voz de Rick es potente al asegurar que Dios nos creó con un propósito específico y que nuestra vida solo tendrá significado y plenitud cuando lo descubramos y vivamos de acuerdo con ello.

Dicho propósito es la clave para una vida significativa, enfocada en servir a los demás y glorificar a Dios. De nuevo, nos encontramos con la insistente idea de que cada persona tiene un conjunto único de dones, talentos y habilidades. ¿Lo ves? Cada uno tenemos una voz única que podemos utilizar para cumplir nuestro propósito.

Así que no le demos más vueltas al asunto y veamos algunas sugerencias sobre cómo fortalecemos la convicción de que nuestra vida es valiosa:

1. Reflexiona sobre tus logros. Haz una lista de tus logros, grandes y pequeños, y reflexiona sobre cómo te han ayudado a crecer y avanzar en la vida. Recuerda que cada logro, por pequeño que sea, es importante y te acerca un paso más a tus metas y propósito.

2. Identifica tus valores, intereses y habilidades y encuentra formas de utilizarlos para ayudar a los demás y hacer una diferencia positiva en el mundo. Al encontrar tu propósito, te darás cuenta de que tu vida tiene un significado y un propósito más allá de ti mismo.

3. Practica la gratitud. Enfócate en las cosas positivas de tu vida y practica la gratitud diariamente. Agradecer por lo que tienes te ayudará a reconocer el valor de tu vida y te permitirá apreciar las pequeñas cosas que te hacen feliz.

4. Rodéate de personas que te apoyen, que te hagan sentir valioso y apreciado. Las personas que te aman y te apoyan te recordarán constantemente que tu vida es importante y que eres valorado.

5. Encuentra maneras de ayudar a los demás. Puedes hacer voluntariado, ayudar a un amigo en necesidad, o simplemente ser amable con alguien que lo necesite. Ayudar a los demás te permitirá ver la importancia de tu vida y el impacto positivo que puedes tener en los demás.

El progreso de la humanidad está marcado por el ritmo de millones de personas que han vivido y viven su propósito, que han descubierto la singularidad de su voz y la han usado en beneficio de la comunidad. Basta con hacer una simple búsqueda en internet para alimentarnos de esos admirables ejemplos, algunos muy famosos y otros no tanto.

De hecho, si miras con atención, podrás descubrir muchas voces poderosas a tu alrededor, en tu familia, en la empresa donde trabajas o en tu emprendimiento y en tu vecindario. Entonces descubrirás que no hace falta ser famoso para que tu voz importe y sea escuchada. ¡Todo depende de ti! Ya descubrimos la singularidad de tu voz que habla sobre tu historia personal con un poderoso mensaje. En las siguientes páginas te iré mostrando claves para fortalecerte y superar el desafío de usar tu voz para que sea escuchada.

> En el capítulo siete te compartiré herramientas para encontrar tu propósito. Mientras tanto, reflexiona:
> - ¿Tienes una aptitud natural hacia algo?
> - ¿Cuál diría tu familia y amigos que es tu don especial?

El desafío de usar tu voz

Liderando desde adentro

02

> *La creencia en ti mismo es el primer secreto del éxito.*
> — Ralph Waldo Emerson

"Mi propósito es mostrar a las personas cuánto Dios las ama", me explicó Traci Morrow con tanta seguridad que mi reacción fue pensar: "Wow, ella usa su voz alto y claro para compartir su mensaje." Por si no la conoces, te la presento, Traci es cofundadora del conocido programa de acondicionamiento físico BeachBody que ha acompañado a miles de personas en su travesía para lograr un estilo de vida saludable. Es una empresa estadounidence de medios y fitness que ayuda a las personas a navegar a través del viaje del crecimiento personal y del liderazgo.

Conversar con Traci es sumergirse en un río refrescante de buen ánimo producto de un carácter forjado con esfuerzo. Con su amplia y contagiosa sonrisa, ella es un libro abierto para quienes desean conocer cómo una mujer es capaz de descubrir su propósito y tener la valentía de enfrentar el desafío de usar su voz. "Desde muy joven noté que las personas me contaban su historia sin que yo se lo pidiera. Yo tenía un don para conectar, para establecer vínculos, incluso sin querer. Las personas me escuchaban y confiaban en mí. Entonces, le pedí a Dios que me enseñara sobre empatía. Literalmente le pedí: *'Ayúdame a verlas como tú las ves'*", me decía Traci cuando me contó sobre el proceso para descubrir su propósito y usar su voz.

Cuando platicamos con ella, yo sonreía porque me veía reflejada en muchas de las experiencias que me relataba. Claro que nuestras vidas son muy diferentes, ella tiene seis hijos, dos adoptados, yo no tengo hijos, por ejemplo, pero también hay muchos puntos en común. Como esa constante inquietud por ir más allá en el servicio a los demás y por encontrar la forma de ser útil.

Descubriendo verdaderamente qué es liderazgo

"¿Quién quiere coordinar la actividad?", preguntaban en clase y mi mano siempre era de las primeras en levantarse. A veces, cuando la pregunta de los maestros era: "¿Quién está coordinando?", mis compañeros instantáneamente me señalaban y decían: "¡Carol!" Ellos sabían que para mí estaba bien asumir la responsabilidad y se quitaban un peso de encima. Creo que la verdad es que me hacían un favor porque fue así como ejercité el músculo del liderazgo.

Me encantaba andar metida en todo y colaborar. Algunos me decían: "Te gusta tener el control". Otros aseguraban: "Eres mandona". Conforme el tiempo pasaba, descubrí que era una disposición natural al liderazgo. Nadie me lo dijo durante esos años cuando fui la presidenta del consejo estudiantil, del seminario, del comité de alumnos, la coordinadora del juego de la kermesse, la organizadora de la ceremonia de…bueno, de lo que fuera…Sin darme cuenta ejercía influencia a mi alrededor.

Me gustaba y me gusta mucho leer; mis lecturas me llevaron hacia las primeras nociones de liderazgo a través de páginas de libros de John Maxwell cuando ya era abogada. Nunca imaginé que algún día trabajaría con él, pero así te sorprende la vida, ya te contaré más adelante. En ese tiempo daba mis primeros pasos de vida cristiana, luego de algunas decepciones. Es común que la frustración y tristeza sea un camino para acercarnos a Dios y en mi caso no fue la excepción, como también fue el inicio de mi proceso para descubrir y comprender la responsabilidad que implica el liderazgo.

Pues buscando esas respuestas que me llevaron a Dios, me uní a un grupo de amigos que iban a ayudar a niños huérfanos; allí conocí a mi amigo Manuel y a varios jóvenes entusiastas que deseaban hacer algo que aportara valor a nuestro país, Guatemala. Poco a poco fuimos integrándonos como un grupo que compartía sueños, planes y visiones de futuro. En el grupo platicábamos largas horas sobre eso; era genial haber encontrado con quienes compartir ese deseo por lograr cambios positivos. Además, aprendíamos juntos sobre el legado del líder más impactante que ha conocido la humanidad: Jesús. A través de la Biblia también comencé a descubrir lo que significa el liderazgo. Uno de los mejores consejos que me dieron en esa época fue rodearme con gente que quisiera aprender y crecer; precisamente fue lo que encontramos en ese grupo.

Comenzamos a organizar actividades y eventos que atraían a los jóvenes. Una vez planeamos todo y pedimos los permisos a la municipalidad para hacer un concierto de música cristiana en el área más popular de la ciudad, la que llamamos "zona viva". ¡Teníamos una enorme pasión por contagiar a los demás con esa energía que viene del amor de Dios!

Nace una propuesta para Guatemala

Cierta vez, luego de una cena, algunos nos quedamos platicando sobre lo que queríamos ver en nuestro país y a Manuel se le ocurrió la idea crear una organización enfocada en el desarrollo del liderazgo.

—¡Sí! Podemos invitar a líderes para dar talleres—sugirió alguien.

—Así es, los llevamos a universidades y empresas para comenzar un cambio—aportó alguien más. Esa noche pensamos: "Si traemos personas que nos enseñen a modelar valores, aprenderemos a ser líderes." Así fue como nació Guatemala Próspera. Como abogada, yo hice todo el papeleo legal de la constitución y comenzamos a trabajar. Ese grupo de cinco amigos poco a poco fue creciendo. De inmediato nos pusimos manos a la obra para organizar conferencias a las que invitábamos a líderes que compartían sus experiencias y lecciones de liderazgo.

Al primer evento asistieron unas doscientas personas; la mitad eran amigos a quienes habíamos entusiasmado con la idea. Con el tiempo y experiencia, fuimos fortaleciéndonos como una institución en favor del cambio positivo y propositivo.

Cuando invitábamos a un conferencista, casi que le proponíamos un viaje misionero para dar pláticas porque todos los eventos eran gratuitos. Lo siguiente fue organizar las cumbres de liderazgo, una jornada completa a la que invitábamos tres o cuatro conferencistas.

Para la Cumbre de 2003, alguien comentó: "Yo conozco a Jerry Anderson, un empresario de Ohio que tienen un proyecto sobre valores que se llama

Mesas Redondas; llámenlo, seguramente acepta venir". Y así fue, Jerry llegó a Guatemala sin pensarlo dos veces; no solo compartió su charla sobre una brillante estrategia para fortalecer valores, sino que se convirtió en nuestro mentor, especialmente para Manuel y para mí. Jerry nos apoyó muchísimo al enseñarnos cómo aporta al mundo un cristiano exitoso en los negocios y con inmensa calidad humana.

Su organización, La Red Bussines Network, había desarrollado un proyecto para el gobierno de Colombia que se llamaba Misión Carácter, cuyo objetivo era formar líderes con valores, pero con un enfoque que lo hacía accesible y amigable. En ese tiempo, yo trabajaba en mi bufete como abogada y estaba muy activa en la iglesia. ¡No tenía un minuto libre!, y me encantaba porque sentía que realmente aprovechaba mi tiempo. Temprano una mañana, en medio de mi ajetreo, Manuel me llamó. "¡Buenos días! Estoy con Jerry, ven, te invitamos a desayunar", me dijo.

Acomodé mi estructurada agenda del día para encontrarme con ellos. ¿Ya te comenté que me considero una perfeccionista en recuperación? En ese tiempo todavía me generaba mucha ansiedad cambiar inesperadamente mis planes, pero valió la pena.
　　—¡Buenos días Carol! —Me recibió Jerry, tan afectuoso como siempre.
　　—¿Cómo están? Qué gusto verte, Jerry. Qué alegre que me llamaste, Meme.
　　—Pues no podíamos desayunar sin ti—bromeó Meme—no sé si te ardía las orejas, pero estábamos hablando de ti.
　　—¿En serio? Cuéntenme sobre qué hablaban.
　　—Estamos a punto de implementar Misión Carácter en Guatemala y yo necesito a alguien que se encargue. Para mí no hay mejor líder que tú para hacerlo —me dijo Jerry.

Puedes imaginar que su propuesta me honró y entusiasmó muchísimo. Jerry fue realmente la primera persona, en toda mi vida, que apeló directamente a mi liderazgo. Por supuesto que acepté el desafío y comencé a dedicarme 100% a desarrollar mesas redondas en Guatemala. Ese momento y la confianza de Jerry le dieron un nuevo giro a mi futuro. Estoy segura de que ese precisamente es el poder de un mentor, alguien que ve algo en ti, que descubre tu potencial y te ayuda para que tú también lo veas y lo desarrolles.

Jerry me desafío para que usara mi voz. "Tú puedes dirigir este proyecto que cambiará la visión de los guatemaltecos. Nadie mejor que tú para representar y promover el cambio, para explicar Misión Carácter", me dijo y así fue.

Rápidamente más y más organizaciones se iban sumando a las mesas redondas para desarrollar valores en sus equipos de trabajo. Tanto que un día ¡recibimos la llamada de un magistrado de la Corte Suprema de Justicia! Nada más y nada menos que deseaban comenzar a hacer mesas redondas en todo el Departamento de Justicia. ¡Esa era una excelente noticia para mí!

Inmediatamente llamé a Jerry para contarle y pedirle que llegara a Guatemala. Él y Jesús Eduardo Ortíz, uno de los autores del contenido, llegaron para presentar el programa. En la reunión había siete magistrados; dos habían sido mis catedráticos en la universidad. Se recordaban de mí, así que pensé: "Ufff, menos mal que fui buena alumna".

Una semana después de esa primera presentación, me llamó uno de los magistrados pidiéndome que llegara para resolver dudas sobre la implementación del proyecto. Camino a la reunión con los trece magistrados en pleno, yo oraba: "Señor, haré lo mejor que pueda para presentar esto". Así me fui todo el camino, pidiendo respaldo divino y algo hermoso sucedió. Mi celular comenzó a sonar, yo no conocía el número y dudé en responder, pero lo hice pensando que talvez alguien del Organismo Judicial me llamaba para algún detalle de último momento. Era un mensaje de texto de alguien que yo acababa de conocer (y de quien nunca volví a saber), me mandaba la cita bíblica: "Mira que te mando por profeta a las naciones". Jeremías 1:15

¡Ohhh, cielos! Dios realmente encontró la forma de decirme alto y claro que estaba conmigo y que era parte de su propósito que las puertas del Organismo Judicial se abrieran para Misión Carácter. No sé cuántos procesos legales se llevaron de mejor forma a raíz del programa de valores; no sé cuántas vidas mejoraron, pero sé que la situación cambió para muchas familias, y la sociedad en general se benefició. Dios usó mi voz como instrumento para lograr un impacto positivo y fue un honor aceptar el desafío.

Justo situaciones así de desafiantes vivió Traci en su trayecto como madre y empresaria. Traci me contó: "Cuando mi hijo mayor cumplió dieciocho años, enfrentamos situaciones difíciles con él y decidió irse de casa. Fue una época muy dura para mí y para mi familia. Recuerdo que una mañana, intentaba ejercitarme en la caminadora, pero no paraba de llorar y orar por mi hijo. Entonces, Dios dijo a mi corazón: 'No conocerás mi profundo amor por las personas hasta que no experimentes el dolor de un hijo pródigo. Así como te duele que tu hijo amado no esté contigo, así me duele cada persona que amo y que no está conmigo.' Muy conmovida, le respondí: '¡Gracias por dejarme sentir lo que tú sientes!'" Así fue como Traci, año con año, iba creciendo en su visión como líder. Ella asegura que es un proceso que nunca termina porque cada vez vamos encontrando más áreas en las que podemos aportar ¡Eso es lo maravilloso de vivir nuestro propósito y usar nuestra voz!

Directo al siguiente nivel

En mi caso, el siguiente paso se dio de nuevo con una llamada de Jerry. "Necesito que tú y Manuel vengan a Florida. John Maxwell quiere conocerlos", fue todo lo que nos dijo. Por supuesto que tomamos el primer avión y Jerry nos llevó a un evento privado donde nos presentó con John Maxwell. ¡Yo no podía creerlo! Tenía frente a mí al experto del liderazgo mundial, el autor de uno de los libros que leí temprano en mi vida cristiana y que me hizo tomar conciencia de lo que significaba ser un líder de servicio. John Maxwell me saludó con un apretón de manos cálido y sincero que me hizo sentir valorada. Fue un honor que agradezco hasta el día de hoy.

Al final del evento, nos reunimos con él. "¿Saben? He escrito mucho sobre liderazgo, he hecho mucho en favor de la formación de líderes en todo el mundo, pero las palabras de un amigo me han desafiado y ahora tengo el llamado de impactar una nación. He decidido que esa nación sea Guatemala y

Jerry me asegura que ustedes saben cómo hacerlo.", nos dijo de una forma tan natural, sin saber que sus palabras nos daban un vuelco en el corazón. "¡Wow! ¿Es cierto lo que estoy escuchando?", pensaba yo emocionada, con el estómago echo un nudo entre la emoción y la responsabilidad que se venía.

Ese enero de 2012 fue histórico para mí y para mi Guatemala. De inmediato comenzamos a preparar las estrategias para hacer realidad el sueño de que Maxwell impactara a nuestra nación. Yo me dediqué en cuerpo y alma a Guatemala Próspera y en 2013 lanzamos oficialmente el diplomado de liderazgo con valores "La transformación está en mí". Para la fecha en la que escribí este libro, en el año 2023, más de dos millones y medio de guatemaltecos han sido impactados al fortalecer su liderazgo y el esfuerzo continúa.

En medio de la satisfacción por contribuir con mi país de esa forma, mi ánimo no estaba tan bien. Mamá enfermó, mi matrimonio enfrentaba dificultades y otras áreas de mi vida entraron en una zona gris. A veces parece que algo desea frenarte o limitarte, pero es necesario hacerle frente a todo. En enero de 2014, mi mamá falleció. Recuerdo que fue un sábado porque el domingo la enterramos y el lunes tenía la audiencia de mi divorcio. Fue un tiempo de mucho dolor y cuestionamientos, no voy a negarlo. Sentía que había llegado a la cima en uno de mis anhelos: contribuir con mi país, mientras otra parte de mí se derrumbaba.

—¡Hola! ¿Cómo estás? ¿Qué haces?—Me llamó Jerry unas semanas después de ese fatídico inicio de año.
—Pues aquí, atendiendo a las organizaciones que han iniciado el diplomado "La transformación está en mí".
Hay muchas instituciones y empresas interesadas, así que andamos de aquí para allá en reuniones para compartir de qué se trata y cómo se implementa.
—¡Qué bien! Te felicito, yo sé que pueden lograr ese cambio que Guatemala necesita.
—Gracias, Jerry. Siempre tan amable con nosotros.
—¿Cómo te sientes? ¿Cómo está tu corazón?
—Sanando, sanando. Han sido tantas cosas…
—Cierto y sé que eso también lo lograrás. Solo te llamaba para saludarte

y recordarte algo muy importante: muchas personas saben que daremos cuentas por los recursos que tenemos, pero yo sé que también daremos cuentas por la influencia que tenemos y cómo la aprovechamos en beneficio de los demás. *Tú tienes mucha influencia y puedes aprovechar los espacios que se te van abriendo para compartir el mensaje de liderazgo con valores que tanto anhelas dar. Hay puertas que solo a ti se te abrirán, y hay gente que solo a ti te escuchará.*
—Jajajaja, Jerry, ¡tú siempre me retas!
—Pues de eso se trata la vida. Sé que han sido tiempos difíciles para ti, sé que has enfrentado situaciones que te han hecho más fuerte. ¿Qué harás ahora? Es tiempo de avanzar.

De nuevo, Jerry me abría los ojos y me desafiaba para que mi voz no se apagara. Salí de mi zona de confort y comencé a aceptar las invitaciones que me hacían para programas de radio y televisión, para ser conferencista en foros, congresos y seminarios.

Me ofrecieron espacio para un programa en una emisora llamada Radio Infinita y me integré al equipo de otro programa de radio que se llamaba Vaya con Dios, además de producir un segmento sobre crecimiento personal en el Matutino Express de Canal Antigua. Jerry hizo que aprovechara las posibilidades que tenía para que mi voz se uniera a la de tantos otros que se esforzaban por lograr un cambio en el país.

Liderazgo es influencia

"Liderazgo es influencia, nada más y nada menos, y está relacionada con la calidad de nuestras relaciones", asegura Maxwell y es la definición perfecta para lo que descubrí que es el propósito de mi vida. Me considero una mujer muy bendecida que ha enfrentado dificultades, pero que también ha tenido oportunidades y privilegios como una familia integrada, no perfecta... para nada perfecta, aunque sí consciente de brindar amor, valores, estabilidad, apoyo y especialmente enfocada en el poder de la educación. Esos principios que me alimentaron desde pequeña han inspirado el deseo por ayudar a las personas y dar de gracia lo que de gracia he recibido.

Mi mamá me decía: "Hija, un corazón agradecido siempre debe estar dispuesto a dar", y ese consejo se me grabó bien profundo; se convirtió en motivación e impulso para buscar oportunidades, prepararme, abrirme camino y crecer porque de esa forma tendría mucho más que dar. Descubrí mis alas volando. Mi papá me motivaba a estudiar fuera y lo hice siempre que logré que se abriera alguna puerta. A los doce años ya iba de intercambio a Minnesota; a los veintiún años busqué la forma de ir a Cambridge, en Inglaterra, a un curso de verano; a los veinticinco andaba por Francia y unos años después logré estudiar en España, luego en Harvard. No te lo cuento por arrogancia, sino para animarte a lograr tus sueños, porque si yo lo logré, estoy segura de que tú también puedes lograrlo. Es cuestión de tener claro lo que deseamos y que lograrlo beneficiará a muchos para enfocar toda nuestra energía en ello. ¿Cuáles son tus sueños? *Abre tus ojos a la verdad de tu liderazgo y cierra los oídos a la mentira de que no es importante el mensaje que puedes compartir.*

En el momento justo

Años después, por increíble que parezca, trabajé en la Fundación Maxwell. Fue un sueño hecho realidad. Me mudé a Estados Unidos cuando me casé y busqué la forma de conseguir que mi liderazgo continuara siendo efectivo en servir a los demás, porque he comprobado que Dios bendice un corazón que quiere hacer las cosas por amor a Él y al prójimo.

He aprendido que las oportunidades y personas van llegando cuando las puertas se van abriendo en el momento preciso, no cuando yo quisiera que sucediera.

Un proverbio zen dice: "Cuando el alumno está preparado, aparece el maestro", y es muy cierto, los maestros han llegado a mi vida en el momento indicado para enseñarme algo que me ayuda a crecer y fortalecerme. Incluso en mis relaciones personales ha sucedido de esa forma. No viví la bendición de una relación matrimonial plena y sana hasta que llegó David, mi esposo, con un corazón me ayudó a confiar y sanar.

A veces cuando me entrevistan: "¿Qué se siente ser una líder en Guatemala o en Latinoamérica?" Te confieso que me genera algo dentro como: "Uf, pero si yo no tengo ese impacto". No es que menosprecie lo que he hecho, sé que tengo una voz, pero una parte de mí lucha con la idea de ser trascendente, quizá porque a veces se asocia el liderazgo con fama, con una vida pública o protagonismo, eso no me interesa a mí tanto como ayudar a las demás personas. Yo veo el liderazgo como la responsabilidad de servir a otros y dar lo mejor de mí donde Dios me diga, confiando en que será él quien hará la obra. ¡Justo lo mismo escuché de Traci! Para ella también es una apasionante y hermosa responsabilidad asumir cada día el desafío de usar su voz para impactar positivamente a las personas.

Cuando descansamos en Dios, disfrutamos del proceso de liderar porque sabemos que aportaremos nuestros dones y talentos, convencidos de que él dará la excelencia al esforzarnos por honrar y dar gloria a su nombre. Con esa perspectiva de la vida y del liderazgo, nos mantenemos expectantes, listos para dar y también para recibir para crecer y avanzar en el camino hacia la mejor versión de nosotros mismos. La clave está en asumir el desafío de en dejarnos usar por Dios, de usar nuestra voz para servir a los demás. Continúa leyendo porque en el siguiente capítulo descubrirás más claves que te ayudarán a lograr ese sublime y práctico objetivo.

Reflexiona
- ¿Alguna vez brindaste un servicio a alguien que luego que convirtió en tu amigo?
- ¿Cómo te hizo sentir eso?
- Si el liderazgo es influencia y depende de la calidad de nuestras relaciones, ¿con quién quisieras desarrollar una nueva relación?

Las mentiras que asumimos como verdades

La verdad de lo que tú eres

> *Si no te gusta tu destino, cámbialo; no eres un árbol.*
> — Jim Rohn

Alguna vez te han dicho: "¡Eso es demasiado para ti!"? Tal vez no te lo dicen, pero ¿tienes esa sensación de que algo es muy bueno o inalcanzable para ti? A mí me ha pasado y varias veces, pero ¿sabes qué? ¡He escogido no creerlo! Estudié para graduarme como abogada porque siempre me encantó la idea de ayudar a las personas.

En mi ejercicio como abogada descubrí que la gente necesita acompañamiento para manejar sus procesos, por eso, años después de graduarme, decidí estudiar consejería psicológica y me encanta cómo se integra todo lo que aprendí en ambas profesiones. Creo que buena parte de mi vida la he dedicado a aprender algo; me apasiona descubrir nuevas formas de hacer las cosas, encontrar soluciones y alternativas de crecimiento personal, porque nuestra capacidad para expandirnos es infinita, especialmente si deseamos compartir aprendizaje, descubrimientos y experiencias con los demás. Mi mamá me contagió ese estilo de vida y se lo agradezco.

Mientras estudiaba mi carrera en Derecho, escuchaba sobre universidades como Cambridge en Inglaterra o en Harvard en Boston. Sabía que eran las más prestigiosas del mundo y comencé a investigar sobre el proceso de admisiones. Ingresar no era fácil, pero pensé que al terminar la carrera podía ir a esos lugares y sacar certificaciones de tres o seis meses. Incluso cuando ya estaba trabajando como abogada, tenía la cosquillita de ese sueño; quería saber qué se sentía estar allí, aprendiendo con los mejores maestros del mundo.

Como soy algo persistente, o como diria mi esposo: "Tengo un matiz de terquedad", resulta que una tarde, frente a mi computadora sonreí al leer que tenían disponible una certificación sobre negociación, mediación y resolución de conflictos. Pensé: "Negociación es la articulación perfecta entre el Derecho y la Psicología". ¡Era el programa ideal para mí! Sin dudarlo, en ese momento inicié el proceso para aplicar y casi lloro de emoción cuando recibí la carta de aceptación.

Luego de un par de semanas para dejar todo en orden, me veías en el avión rumbo a Harvard. Una joven abogada y consejera psicológica guatemalteca que de pronto sintió un vacío en el estómago y se preguntó: "¡Santo Dios! ¿A qué me metí? ¡¿Quién creo que soy al pensar que puedo estar ahí en la mejor universidad del mundo?!"

Es mentira que no puedo

Llegué a la ciudad un día antes de que empezara el curso. Hice todo el papeleo, el proceso de acreditación, etc. Cuando pasó el ajetreo, en mi mente una vocecita seguía diciéndome: "¿Quién te crees que eres para estar en Harvard? Aquí hay gente más inteligente que tú, más preparada que tú, ¡no encajas en ese lugar, no darás la talla!' Se me aguadaban las piernas de pensar a lo que me había metido. A pesar de que ya había leído los libros que me habían indicado, a pesar de que ya estaba lista para discutir los temas, yo solita sonreía, pero de pura ansiedad.

Finalmente llegó el día. ¡Casi no dormí por la expectativa y el temor de no despertarme a tiempo! No pude ni desayunar, sentía nauseas de los nervios. Me fascina el café, pero esa mañana no pude ni tomar un sorbo porque mi estómago estaba revuelto. Sentía que llegaría y las personas me verían raro.

En mi cabeza sonaba aquella canción del famoso programa para niños Plaza Sésamo: "Una de estas cosas no es como las otras, es diferente de todas las demás…" Camino al aula donde debía tomar mi primera clase, conversé con Dios: "Bueno, Señor. tú me trajiste acá para aprender algo. Gracias por la oportunidad, haré lo mejor que pueda y sé que será lo suficiente para no hacerte quedar mal."

Me aferré a esa confianza que me ha acompañado toda la vida al pensar que Dios había abierto la puerta porque creía que yo podía hacerlo y que había un propósito. Como si él me respondiera, en la puerta de entrada a la universidad leí: "Enter to grow in wisdom (Entra para crecer en sabiduría)". De nuevo sonreí ya más tranquila porque Dios me estaba recordando que me acompañaba y que, como todos allí, yo había llegado para aprender. Me vino a la mente: "Jesús vino para crecer en sabiduría, estatura y gracia para con Dios y los hombres (Lucas 2:52)" Y yo siempre he querido seguir el modelo de crecimiento de él, así que esa era mi oportunidad.

Ese día fue genial porque sin mucho rodeo, comenzamos a discutir temas interesantes y de una vez nos tiraron al ruedo para experimentar procesos de negociación. El catedrático pidió que nos organizáramos en parejas para hacer un ejercicio. Mi pareja resultó ser un abogado danés, ya algo mayorcito, con cara de pocos amigos.

El ejercicio consistió en que cada uno asumía un papel dentro de una negociación. Se trataba de una contratación en el mundo deportivo. Me tocó asumir el papel de representante de un futbolista famoso y el danés representaría al equipo que lo contrataría. En ese momento no sabíamos que todas las parejas teníamos el mismo caso, pero cuando terminó el ejercicio y entregamos los términos acordados para la contratación, resultó que yo había sido la abogada que había logrado mejores condiciones para mi cliente. ¡No lo podía creer! El danés con cara de pocos amigos sonrió y argumentó que definitivamente yo me había aprovechado de ser mujer, aunque claro lo dijo en broma, al menos, eso preferí pensar.

Sinceramente te lo digo, ese pequeño logro significó muchísimo para mí porque me brindó confianza para enfrentar el curso y disfrutarlo, haciendo a un lado mi temor. Fue como una demostración más de la gracia de Dios sobre los que reconocemos que es él quien abre puertas y da oportunidades.

Los pequeños grandes comienzos

Esa experiencia en Harvard me recuerda muchísimo a lo que mi amigo Daniel Colombo me contaba sobre sus vivencias. Él es un influyente coach y consultor argentino, escritor y comunicador por excelencia, a quien admiro por ese rasgo de genialidad que he descubierto en los líderes extraordinarios: la humildad y sencillez con la que comparte sus talentos.

"Fui, como dicen, un niño precoz. Desde los cinco años podías encontrame escondido en el destartalado bodegón junto a la casita donde vivíamos, jugando a la radio y a la televisión. Me imaginaba como un locutor y un conductor de programas que compartía mensajes con el público. También aprendí muy rápido a leer y escribir. Al ingresar a la escuela, ya copiaba poemas y era el pequeño artista designado para declamar en las celebraciones especiales o ser el maestro de ceremonias", me contó Daniel sobre sus primeros recuerdos de cómo descubrió su propósito, al tiempo que enfrentaba el trato violento de su padre.

Al escuchar su historia, confirmo que con voluntad y la actitud correcta es posible superar las tragedias y darle a nuestra vida el giro positivo que anhelamos. No hay excusas cuando deseamos superarnos. "Cuando tenía siete años, en el pueblo comenzó a operar una radio AM a pocas cuadras de mi casa. Tanto le insistí a mi mamá que me llevó a conocer el lugar. Claro que a escondidas de mi papá que se hubiera enojado si se entera. A partir de ese momento, yo iba todas las tardes a la radio a colaborar con lo que me permitieran; hacía mandados, limpiaba, ayudaba a organizar lo que me pidieran, pero lo más importante, pasaba horas aprendiendo de los locutores al verlos en acción. Esa fue mi primera escuela de comunicación. Unos meses después, cumpliendo los ocho años, me preguntaron si quería conducir un programa de radio y ¡por supuesto que acepté! Así comencé con el programa EL CLUB DE LOS NIÑOS FELICES del que yo era guionista, productor y locutor. El programa tuvo tal éxito que me convertí en un fenómeno nacional... Llegaron de la televisión a entrevistarme, y a mis nueve años era conductor de programa que se veía en todo el país. Así comenzó mi carrera en los medios de comunicación masiva", me resumió Daniel un poco de su impresionante historia que luego avanzó con el éxito internacional y también con la superación de dos lapidarios diagnósticos médicos que hubieran cerrotado a cualquiera.

Siento como mío ese empuje de Daniel, no porque yo me considere un fenómeno de la comunicación como él, sino porque veo un común denominador que tú también puedes desarrollar: la capacidad de no creerte las mentiras que limitan tu potencial y entierran tu propósito con toneladas de negativismo. ¿Cuáles son esas mentiras que intentan callar tu voz? ¿Quizá la falta de recursos, o de conexiones para avanzar? ¿Tal vez la mentira de que no eres suficiente para lograr algo o de que no eres líder porque no eres famoso o tienes un puesto de alto rango?

Al respecto, Daniel me comentó: *"Es importante que desmitifiquemos la idea del propósito porque no está relacionado con la fama y la fortuna, sino con descubrir tus talentos y dedicarte a eso que te apasiona y con lo que puedes hacer una enorme diferencia donde te encuentres. Tu propósito puede relacionarse con ser excelente madre o padre de familia que forme con amor y valores a sus hijos, por ejemplo",* me aseguró y por supuesto que tiene toda la razón. Esa valiosa lección de Daniel me recordó que la primera mentira que debes borrar de tu mente es que tu voz no importa, porque ¡sí importa y mucho!

Yo también tuve que dejar de creer esa mentira para confirmar que mi propósito está íntimamente relacionado con aprender para luego compartir esos aprendizajes. De cierta forma, el vacío en el estómago por avanzar hacia lo desconocido siempre me acompaña, pero creo que es sano, siempre y cuando no nos paralice ni limite lo que debemos o queremos hacer. Yo aprendí a usar ese vacío en el estómago para identificar los momentos en los que debía ser más fuerte y demostrar mi convicción en que soy capaz de lograr lograr aquello que Dios me desafía a hacer.

Cuando tenemos un corazón enseñable y humilde, dispuesto a escuchar para aprender, las oportunidades van surgiendo. Yo me siento bendecida porque he aprendido de miles de personas que Dios ha puesto en mi vida: niños, jóvenes, ancianos, conocidos y desconocidos, en universidades, en grandes ciudades del mundo y en pequeñas comunidades de mi país; cada experiencia que he vivido me ha enseñado algo importante para servir a los demás.

Por supuesto aprendí toneladas de Daniel, especialmente cuando me dijo: "Al crecer en un ambiente de tremendas carencias de todo tipo: económicas, afectivas y de oportunidades, me costó mucho creerme merecedor del éxito, pero he sido intencional en buscar cómo superar mis limitaciones y soltar lo que no me hace crecer. *Entendí que cuando dejo de vivir por expectativas y acepto la circunstancia, dejo de sufrir y puedo enfocarme en avanzar.* Día a día me motiva ser como un puente entre las personas y su posibilidad de ser mejores. Ese es mi propósito y lo abrazo con entusiasmo."

Crecer duele

Creo que todos recordamos aquel dolor de articulaciones que acompañó nuestro "estirón" de la preadolescencia. En mi caso, el dolor de las rodillas y los tobillos fue bastante intenso, entonces mi mamá me decía que era parte del proceso de crecer. Además, unos años antes de ese tiempo, en mi familia vivimos una terrible tragedia que determinó mucho de las condiciones en las que crecería y que influyó en la formación de mi carácter. Casi podría decir que a los diez años me convertí en una especie de adultita que en medio de su tristeza se preocupaba por lograr que sus padres recuperaran la alegría de vivir. Mi infancia fue como la de muchas otras niñas en Guatemala. Tristemente, ese ambiente idílico terminó cuando yo tenía nueve años, el 26 de abril de 1985, el día que murió mi hermano Renato en un accidente de motocicleta, un joven entusiasta que estaba a punto de cumplir dieciséis años.

Soy la más pequeña de tres hermanos. César, el mayor, es ocho años mayor que yo, y Renato me llevaba seis años. No puedo describir lo doloroso que fue para todos enfrentar esa pérdida. Mi papá se sumergió en su mundo de negocios. Mi mamá se refugió en la religión, mientras mi hermano mayor buscó fuerzas para continuar en la universidad. Creo que fue en esa época que sentí la necesidad de ser la niña perfecta. Al ver a mis padres pasar por tanto dolor, me prometí no hacer algo que les provocara más sufrimiento. La ausencia de mi hermano nos dejó atrapados en un vacío muy profundo. Se me hacía insoportable ver a mi mamá llorar sin consuelo. Creo que una mamá nunca supera completamente el duelo por la muerte de un hijo; quizá con el tiempo aprende a vivir con la nostalgia y la ausencia, como vi que le pasó a ella.

Fue a partir de esa época que comenzó en mí el deseo por ser una buena alumna, excelente hija y mejor amiga. Las mujeres siempre buscamos cierto grado de perfección, porque nos hace sentir seguras, pero en mi caso se convirtió en una presión extra que ponía sobre mis hombros porque deseaba quedar bien con todo el mundo.

Jamás me negaba a participar en algo, siempre estaba dispuesta para hacer un favor y contribuir en lo que me pidieran. Fui la presidenta de la clase, del consejo estudiantil y del seminario. Nunca tuve miedo de asumir responsabilidades, pero me extralimité porque en bachillerato ya tenía úlceras estomacales por el estrés. Los maestros le decían a mí mamá: "Carolina es extraordinaria, puede hacerlo todo bien, lo tiene todo bajo control...", pero realmente yo enfrentaba una crisis sin saberlo.

Todos ignoraban que Carolina se exigía al máximo y que era extremadamente dura consigo misma; para colmo, la relación con mi papá comenzó a deteriorarse. Me sentía algo así como los cisnes que se ven hermosos flotando con elegancia, pero si ves bajo el agua, patalean con desesperación.

Por supuesto que descubrirlo me tomó años de frustración y ansiedad frente a fracasos que me dejaron cicatrices, pero finalmente inicié un proceso para superar mi urgencia de perfección. ¿Qué provocaba esa ansiedad? El deseo de que todo estuviera bien, de que todos se sintieran bien conmigo y de satisfacer la necesidad de seguridad, tranquilidad y bienestar de los demás. Lo que buscaba con esa "perfección" era seguridad.

La perfección es subjetiva

Es doloroso echarse encima esa carga de intolerancia a los errores porque cada uno tiene una idea particular de perfección. Yo traté y me esforcé por lograrlo, pero no fue sino hasta que rondaba los veinte y tantos años que comencé a trabajar en mí, a entender por qué yo me exigía tanto.

Comencé a racionalizar lo sucedido a partir de la muerte de mi hermano y también descubrí que el entorno no ayuda con tanta expectativa de la mujer capaz de manejar sus roles como estudiante, hija, profesional, esposa y amiga.

La idea que siempre rondaba en mi cabeza era: "No es suficiente...no eres suficiente...debes dar más, debes ser más..." Yo solita me asfixiaba buscando la perfección que agradara a los demás y lo peor es que realmente nadie me lo pedía.

Tuve que trabajar mucho en mí para aceptar que no necesito ser perfecta para recibir aceptación y amor. Fue necesario liberarme de ese estrés que yo me agregaba gratuitamente. En mi cabeza, la ecuación era sencilla: "Si tengo el título perfecto, el trabajo perfecto, y la relación perfecta, todo estará bien, seré feliz y haré feliz a los demás." ¡Sin embargo, la vida no es una ecuación tan simple! No existe tal cosa como despertar un día y decir con una sonrisa en los labios: "Ya alcancé la perfección." Porque es una meta que se esfuma.

Por supuesto que es importante establecernos metas y visualizar sueños, pero cuando los alcanzamos, siempre habrá algo más allá que nos motive a seguir. Esa es una dinámica natural que podría convertirse en un ciclo dañino si caemos en la trampa de buscar la perfección. En mi caso esa trampa era la necesidad de sentirme realmente valorada y reconocida, así que fue necesario que trabajara en mi autoestima para aceptar que tenía todo lo que necesitaba para lograr paz y plenitud en mi vida.

Eres más que suficiente

Para mí, trabajar en ese diálogo interno significó silenciar esa voz que me decía: "No eres lo suficiente." ¡Justo como Daniel me contó que debió hacerlo! ¿Qué fue lo más impresionante? Que conforme comencé a dar charlas y conferencia al respecto, me fui dando cuenta de que muchas personas escuchan esa misma voz de insatisfacción e inconformidad. Lo peor es que recibimos muchísimos mensajes que la refuerzan: "Tú necesitas ser menos o más intensa, menos o más independiente, más o menos sensible, más o menos inteligente, más o menos preparada, más o menos autosuficiente..." ¡Santo Dios! ¡Pareciera que no hay forma de ganar en ese juego!

¿De qué forma podemos detener esa espiral hacia la frustración? Yo comencé a encontrar paz cuando fui comprendiendo que Dios tenía mi vida en sus manos y que me aceptaba tal como soy, pero tuve que creerlo, recordarlo y vivir conforme a esa convicción. En mi caso, de pronto se me olvida y debo recordarme que no soy aceptada por la cantidad de títulos universitarios, amigos, logros o fama que logre.

No hay algo externo que nos dé el regalo de la aceptación, solo Dios te lo da cuando de verdad podemos creer que él nos ha hecho valiosos, que nos formó exactamente idóneos para lograr lo que desea que logremos. Por supuesto que debemos esforzarnos por hacer todo con excelencia porque deseamos agradarlo a él, pero sin ese peso de que todo debe estar nítido y perfecto para demostrarle a otros que somos extraordinarias.

¿Por qué buscar aceptación es tan esclavizante? Porque cada persona tiene una idea diferente de lo que es estar bien. Yo recuerdo que mi abuelita me cuestionaba porque estudié Derecho y hacía taekwondo, entonces, con toda su buena intención me decía: "Mija, sos muy intensa, todo eso es de hombres, deberías hacer cosas más de mujercita." ¡Esa era su expectativa! Eran sus estándares que yo no compartía, pero fue liberador escucharla con amor, sin afán de complacerla. Por cierto, el día que me gradué de abogada, mi abuelita se sintió la mujer más orgullosa del mundo y me lo dijo. Creo que terminó convenciéndose de que yo no me veía tejiendo o haciendo manualidades para que todos me vieran más femenina, aunque disfruté mucho esas actividades que ella y mi mamá me enseñaron.

Si pensamos en el diálogo interno de un niño hasta los seis años, vemos que se va formando con los mensajes de los adultos que lo educan: sus padres, abuelitos, maestros, tíos, etc. Nuestra conciencia queda impregnada con las percepciones positivas y negativas que nos alimentan a esas edades. Basta que un adulto le diga a un niño "no puedes" o "no vales para nada" para que termine por creérselo. Acuérdate del cuento "El elefante encadenado", de Jorge Bucay, en el que el elefante adulto no se deshacía de una débil cadena simplemente porque de pequeño aprendió que no era capaz de hacerlo.

Hay mucho de mi diálogo interno que tuve que ir sanando. Recordemos que somos como un disco duro que puede limpiarse de programas obsoletos. Nuestra mente es como una computadora. Los datos que introducimos directamente afectan el producto. Por lo tanto, es importante que entrenemos nuestra mente para pensar apropiadamente, llenándola con información y valores que nos permitan desarrollar nuestro potencial.

Si introducimos información positiva, es más probable que nos comportemos de forma positiva. Si meditamos acerca de valores positivos, estaremos más enfocados para actuar de forma correcta y construir nuestro carácter. Si nos enfocamos en aprender, creceremos y florecerá aquello en lo que nos enfoquemos.

Además, tomemos en cuenta que no todo lo que pensamos es verdad, sino que es producto de nuestras interpretaciones: "Esa persona me hizo mala cara, seguramente le caigo mal. Mi amiga tiene dos semanas de no hablarme, algo le hice para que se peleara conmigo …" ¿No se nos puede ocurrir que de repente nuestra amiga solo está ocupada con mil cosas y que no todo se trata de algo que está mal con nosotros? ¿Qué tal si le escribimos para ver cómo le va en vez de sacar todas esas conclusiones que nos descalifican? Darnos cuenta de eso nos da paz porque aceptamos que está bien que cada uno atienda sus asuntos. Incluso si sabemos que a alguien no le caemos de perlas, pero no hemos hecho nada porque esa incomodidad se dé, pues está bien, porque no somos monedita de oro para caerle en gracia a tooodo el mundo.

Joel Osteen dijo alguna vez, en una plática, que al 20-25% de las personas que conocemos no les seremos simpáticas. ¡Fue un alivio para mí saberlo porque terminé de convencerme de que no necesito intentar caerle bien a todo el mundo!

Cuando comencé a trabajar en mí, fui analizando en qué aspectos de mi autoestima debía enfocarme. Jamás lograremos ser suficientemente lindas, delgadas, inteligentes para los estándares de cada persona que conocemos.

Nunca estaremos en el punto exacto de la perfección de acuerdo con cada par de ojos que nos ve, porque todo el mundo deseará algo diferente y si escuchamos esas voces, ¡nunca seremos nosotros mismos!

Lo peor es que nos convertiremos en un manojo de nervios por querer ser lo que las decenas de personas a nuestro alrededor esperan de nosotros. En nuestro interior hay una realidad sobre quiénes somos y si nuestro Creador nos hizo de cierta forma, hay habilidades y talentos en los que sí podemos trabajar para desarrollarlos al máximo. ¡Trabajemos en ello!

Finalmente, logré definir mi concepto de amor propio: el balance entre aceptarnos como somos, convencidos de que merecemos todo lo bueno de la vida que podemos lograr. Si Jesús murió por darnos vida y vida en abundancia, depende de nosotros creerle y buscar esa existencia plena que ya nos dio.
Aceptarnos es el mejor regalo que nos podemos dar porque abre la puerta a compartir nuestro mensaje con voz fuerte y segura. Ahora que ya tenemos clara esta verdad, tomémonos el tiempo para conocernos y definirnos, justo es lo que haremos en el siguiente capítulo.

Reflexiona
- ¿Cuál de estas mentiras te has creído?
- ¿Cómo sería tu vida sin esas mentiras?
- Enumera las mentiras que tú te has dicho.

Tú defines quién eres

Tú vales lo que Dios dice que vales

04

> *El amor propio es el punto de partida de todo progreso y la primera obligación de cada uno.*
> — James Russell Lowell

¿Qué tanto te conoces? ¿Sabes cuáles son tus talentos? ¿Conoces cuáles son las áreas en las que puedes mejorar? ¿Qué te gusta hacer? ¿Cuáles son tus sueños? ¿Cómo te visualizas a corto, mediano y largo plazo? ¿Te reconoces como una persona con mucho que aportar al mundo? ¿Qué tanto te aprecias? ¿Tienes claro como el agua que vales mucho?

Si alguna de estas preguntas queda dando vueltas en tu cabeza sin respuesta, no te preocupes. Estás leyendo el libro correcto para responderlas y ponerte manos a la obra en diseñar tu futuro, convencida de que puedes lograr lo que sueñas.

El primer paso es conocerte profundamente y por supuesto, valorarte. ¿Cómo se hace eso? A ver, vamos paso a paso. Los especialistas aseguran que formamos nuestra autoestima y autovalía en casa, con nuestra familia. Especialmente los padres influyen muchísimo porque son quienes nos acompañan desde antes de nacer. Incluso lo que una madre dice a su bebé en el vientre influye en su sentido de pertenencia y aceptación, lo que impacta poderosamente la autopercepción de valor. ¡Imagina la enorme responsabilidad que recae sobre los padres!

Por eso es tan importante formarnos e informarnos en esa hermosa tarea porque literalmente papá y mamá tienen en sus manos la autoestima de sus hijos durante su crecimiento. Pero es solo el inicio, porque cada uno, conforme maduramos, asumimos la responsabilidad de nosotros mismos y de cómo fortalecemos esa necesaria autovalía que nos permite enfrentar la vida convencidos de que tenemos la capacidad de lograr lo que nos propongamos.

Al hablar sobre esto, es inevitable que piense en mi amiga Fabiane Oliveira, poderosa y decidida mujer a quien admiro porque precisamente tiene la determinación y a la vez la sensibilidad para lograr lo que se propone, y lo que ella se propone siempre tiene que ver con impactar positivamente a las personas.

"Nací y crecí en una comunidad cercana a Sao Paulo, en Brasil. En mi familia a veces no teníamos ni para poner pan sobre la mesa, Carol, pero mi mamá y mi papá decían: 'Esto es lo que tenemos para comer', no decía: 'No te tenemos...'". Entonces, mis tres hermanos y yo fuimos criados con una mentalidad enfocada en lo que sí teníamos, no en la escasez o lo que no había. Para mí eso hace la diferencia porque cambia el enfoque de nuestro pensamiento. Nosotros vivíamos en la parte trasera de la casa de mi abuela. Como a mi mamá no le gustaba que yo anduviera en las calles del barrio me decía que me quedara en una de las habitaciones y me entretuviera.

Yo me acostaba en el piso y miraba al techo imaginando lugares, viajando en mi mente. Ahora comprendo que nuestra mente es como el vientre donde *"Dios deposita nuestros sueños y propósito, por eso es tan importante fortalecer nuestro pensamiento y enriquecerlo porque así también se fortalece nuestra fe y voluntad para salir adelante"*, me explicó Fabiane y ¡no puedo estar más de acuerdo con ella!

Pues esa pequeña niña creciendo en una sencilla comunidad muy cerca de las favelas de Sao Paulo, veía en las revistas a las mujeres lindas, con hermosos vestidos y joyas, entonces, le decía a su mamá que ella sería igual. Ella me contó: "Cierta vez, leí en el periódico que había una plaza disponible para un aprendiz en el Banco Do Brasil. Así que me propuse aplicar aunque mi mamá me decía que era imposible porque eran oportunidades para jóvenes que estudiaban en las escuelas privadas y que tenían suficiente preparación. Pero yo quería postularme porque era un primer paso para lograr mi sueño infantil de ser rica y famosa.

No fue fácil, tenía catorce años y hasta ese momento no había tomado en serio la escuela. Más bien iba solo para tomar la merienda, pero frente a la oportunidad de ser aprendiz en el banco, me esforcé mucho y lo logré. ¡Mi mamá no lo creía!

Así comenzó la enorme transformación de mi vida: "con mi pensamiento y mi actitud de creer que yo era capaz de lograrlo."

En mi caso, tuve la gran bendición de crecer junto a una mamá cariñosa, entregada a mi cuidado y al de mis hermanos. Ella vivía para servir a los demás, siempre pendiente de su casa y de quienes estaban alrededor. Mi mamá se las ingeniaba para compartir palabras de afirmación y ánimo; podíamos contar con ella sin importar qué sucediera.

> La autoestima es la reputación que adquirimos con nosotros mismos.
> Nathaniel Branden

Construýete y valórate

Todos necesitamos reconocimiento, aprecio y aprobación, eso es innegable. No importa cuán autosuficiente e independiente seas, los humanos necesitamos saber que nos valoran. Es una retroalimentación vital para construirnos; claro que para algunos más que para otros. Creo que yo bloqueaba esa necesidad porque más bien deseaba ser quien diera aprobación y reconocimiento a los demás, pero olvidé que para dar debía recibir, así que llenar ese vacío ha sido parte importante de mi historia.

Lo voy a poner en términos monetarios solo para ilustrarlo. Todos valemos más de un millón de dólares, pero si nadie nos lo dice, pensamos que valemos cinco centavos. Cuando alguien nos ofrece diez centavos, ¡consideramos que es la mejor negociación de la vida! *Entender cuánto valemos y actuar de acuerdo con ese valor es un proceso constante.* Especialmente para las mujeres en Latinoamérica es una tarea pendiente, ya que la cultura latina tiende a operar de acuerdo con estereotipos femeninos de sumisión.

Gracias a Dios este panorama está cambiando, pero aún falta mucho por hacer. No me gusta visualizarnos como víctimas, aunque en muchos casos así es, pero el mensaje es cultivar nuestra autopercepción positiva para tomar mejores decisiones respecto a nuestras relaciones y oportunidades. Muchas veces no podemos decidir sobre las circunstancias, pero sí podemos decidir nuestra actitud frente a esas circunstancias. Precisamente como Fabiane lo hizo.

"Carol, ya en el banco, yo siempre fui audaz para buscarme oportunidades. Cuando tenía poco más de un año allí, le pregunté a mi jefe si podía trabajar en su casa ayudando a cuidar de sus hijos. Él se extrañó y me preguntó por qué, entonces le expliqué que yo trabajaba cuatro horas en el banco por la mañana, entonces podía trabajar cuatro horas en su casa por la tarde y luego ir a la escuela.

Esa oportunidad me ayudó a crecer en todo sentido al relacionarme en un ambiente diferente donde comía mucho mejor y aprendía sobre un estilo de vida que me abriría puertas. En el banco yo siempre me esforzaba el doble porque sabía que, si quería más, debía dar más. Yo hacía las pequeñas tareas que me encomendaban, pero escuchaba que un teléfono sonaba y sonaba, entonces le pregunté a la persona si podía tomar la llamada solo para decir que se le atendería después o algo así.

Como me lo permitieron, escuchaba las solicitudes de quienes llamaban. Muchas veces eran preguntas sobre aranceles, impuestos de importación o exportación, trámites de ese tipo. Comencé a informarme y más o menos les iba diciendo que en el banco no podía resolverles eso, que debían ir con un agente de comercio internacional o cosas por el estilo. Un día, llegó al banco una de las personas a quienes atendí. Preguntaba por Fabiana, la encargada de MASA. Mi jefe muy extrañado me mandó a llamar y me preguntó: 'Eres la única Fabiana en el banco, ¿qué es eso de MASA?' Ahh, pues significa Menor Auxiliar de Servicios de Apoyo. Presentarme así se escuchaba mejor, más profesional, porque yo decidía quién era, yo me definía, no me limitaba el sencillo cargo de aprendiz."

¡Me pareció genial cómo Fabiana se visualizaba a sí misma! Con trabajo, esfuerzo, fe y obediencia a Dios, ella fue construyéndose como la exitosa e influyente líder empresaria que soñó y que ha logrado ser. Junto a su esposo han desarrollado una importante corporación de consultoría en comercio internacional, además de que a través de su fundación llegan a Brasil programas de liderazgo y valores para jóvenes.

"Dios solo nos pide disposición y fe para obedecerle y abrirnos las puertas que él tiene planeadas. Ahora vivo en California. Migramos en obediencia a las instrucciones de Dios, abrimos una fundación y nuestra vida dio un vuelco. Ahora estoy enfocada en mi familia y en el servicio a los jóvenes de mi país.

Mi deseo es sembrar una semilla de transformación que germinará como algo bueno en las personas. Quiero tener un impacto positivo en todas las vidas que Dios me permite tocar. Él es mi jefe, quien me dice qué hacer, cómo y dónde. Cuando le damos a él la bienvenida a nuestra vida, no tenemos problemas de identidad, sabemos quiénes somos y la capacidad que tenemos de cambiar para bien el ambiente donde estemos porque nunca llegamos solitas, siempre llegamos con el respaldo de nuestro Padre y Jefe."

Volver a la raíz

¡Es increíble cómo nosotros nos boicoteamos! A mí me sucedía que escogía como pareja a personas emocionalmente dependientes que no me aportaban mucho, sino que más bien me drenaban. Es como si alguien tuviera mucha sed, pero corre al mar a tomar agua salada que lo deshidrata más. Algo así es intentar llenar un vacío afectivo con las personas incorrectas que solo te hacen daño. Es triste saber que muchas mujeres viven esa misma situación y aceptan relaciones con personas que no las valoran, que las humillan y abusan de su vulnerabilidad.

Es fácil juzgar: "¡Ay no sé cómo aguantan eso!" Sin embargo, esas conductas autodestructivas tienen trasfondos complejos cuya raíz es nuestro sentido de valía. Si no lo trabajamos, llegamos a decir: "Es horrible lo que soporto, pero es mejor a estar sola." ¡Por supuesto que esa es una gran mentira! No necesitamos esa compañía que nos lastima, debemos romper ese círculo vicioso y reconocer que a veces es necesario estar solas para confrontarnos y comenzar a trabajar en nosotras; es prioritario enfrentar esos temores que nos paralizan. Yo logré reconstruir mi autovalía cuando me convencí de que soy hija de Dios, que me ama y que tiene un propósito para mí.

Como consejera ayudé a muchas personas. Escuché a mujeres cuyo esposo infiel las insultaba diariamente y les quitaba el dinero producto de su trabajo, pero ellas percibían que su vida dependía de estar con esa persona y que si se alejaba no podrían soportarlo.

Es difícil romper con esa codependencia en la que le das a tu pareja el poder y el monopolio de tu autovalía. Esas personas te manipulan tan bien que es difícil no creerles, así que resultas aceptando que eres tonta, inútil y fea. Vi casos de parejas que, al ver el crecimiento de la otra persona, buscaban cómo hacer que fracasaran para volverse a empoderar. Es un ciclo destructivo, precisamente como el que viví con mi exesposo.

El sueño que se convierte en pesadilla

Obviamente al principio de la relación todo era una maravilla. Nadie se enamoraría de alguien que desde el inicio es abusivo. Los meses de noviazgo fueron un sueño de atenciones. Como decimos en mi tierra, era como si me dijera: "Dónde te pongo para que no te dé el sol." Luego, poco a poco, fue convirtiéndose en una persona diferente. Sus "críticas constructivas" fueron subiendo de tono, pero yo escuchaba porque estaba convencida de que me las decía alguien que deseaba lo mejor para mí. Al final, conforme se descubrían sus mentiras, me di cuenta de que realmente no era quien decía ser.

Conforme esa fachada se fue cayendo, comenzó a sentirse cada vez más inseguro y su reacción fue insultarme todos los días. Me levantaba cada mañana para escucharlo decirme todas las razones por las que yo no podría lograr mis sueños de ayudar a las personas: "¿Quién va a escucharte? ¿Por qué quieres atender a los demás si no puedes ni con tu vida?"

Cuando tu pareja te dice cosas así, te destruye; cuando escuchas todos los días mensajes de ese tipo comienzas a creerlos. Recuerdo que cuando me decía: "Tú no tienes nada nuevo que decir, nadie te escuchará…", me di cuenta de que me estaba convenciendo, entonces, decía: "Señor, tú me diste un mensaje y yo quiero compartirlo. Muéstrame tú qué debo hacer, qué camino seguir."

Me aferré a mi relación con Dios en medio de ese doloroso abuso psicológico, emocional y económico.

¡Parece increíble porque yo era abogada y psicóloga! Así que a todos nos puede suceder porque al entrar en esa dinámica en la que piensas que "rescatarás personas", parece que quieres ser la salvadora de todos, especialmente de quien amas y caes en la trampa.

Mi matrimonio terminó cuando me di cuenta de que él estaba con otra persona. No me malinterpretes, pero ¡fue un alivio! La situación era insostenible y ese descubrimiento terminó por abrir mis ojos a la realidad del juego de manipulación. ¡Era imposible que yo lo salvara porque él estaba jugando conmigo! Así pude romper el ciclo de maltrato-arrepentimiento que caracteriza a estas relaciones. Mi principal problema era mi promesa matrimonial ante Dios, y él sabe que busqué de mil formas que la relación funcionara, pero fue imposible porque no puedes cambiar a nadie más que a ti mismo.

> Hay gente que llega a tu vida para amarte y hay gente que llega para que te ames a ti mismo.

Precisamente eso es lo que busqué. Tomé la decisión de fortalecerme, encontrar ayuda, consejeros, personas que me orientaran y ayudaran a reconstruir mi autovalía para no caer en la misma situación. Por supuesto que no todas las relaciones terminan igual. Tengo amigas que lograron restaurar su matrimonio y son felices. Ese no fue mi caso y dolió mucho tener que separarme. Luego de todo el proceso, me sirvió tanto sentarme a pensar qué tenía que aprender de esa relación, porque todas las relaciones llegan a nuestra vida por algo: parejas, amistades, colaboradores, compañeros, todos nos enseñan algo.

En el caso de mi exesposo, ahora veo que yo buscaba alguien a quién salvar. A partir de ese momento, mi oración fue encontrar y amar a un hombre responsable, enfocado, alguien a quien yo admirara y que me valorara. Dios fue tan fiel que me dio a esa persona, pero fue un proceso que tomó tiempo, hasta que David y yo nos encontramos. Sucedió cuando yo realmente tenía claro quién era porque decidí que nadie más que Dios me ayudarían a descubrirlo, justo como mi amiga Fabiane también lo decidió.

¿Autovalía o autoestima?

La autoestima es la creencia profunda e inquebrantable de que somos dignos de ser amados. La autoestima se puede definir como "sentirnos" bien y seguros de nosotros mismos gracias a la retroalimentación de otros y acciones nuestras que nos hacen sentir bien como cortarnos el cabello, hacer ejercicio, rendir bien en un examen, obtener un ascenso, etc. Por lo que podríamos decir que la autoestima es un estado de ánimo fugaz. Es como una nube que aparece y desaparece. Así que las personas con alta autoestima podrían necesitar estímulo constante para "sentirse" bien consigo mismas.

La autovalía es más que eso. Es el conocimiento permanente y fundamentado de lo que valemos. A diferencia de una nube, la autovalía se parece más a la tierra, porque es una creencia firme e inamovible que está "arraigada" en la confianza, por lo que no depende de lo que otros piensen o digan. Ese fundamento es el que debemos fortalecer.

¿Podríamos tener autoestima sin autovalía? Absolutamente. Los narcisistas son personas con alta autoestima (enfermiza) que proyectan enorme confianza y seguridad, pero realmente no tienen autovalía porque necesitan desesperadamente recibir afirmación. Para sostenerse firmes en tierra deben mantener esas nubes en su firmamento.

La clave para fortalecer nuestra autovalía es aceptar que no todo el mundo la descubrirá y que de nosotros depende construirla.

 Señales de baja autovalía

- Evitas el contacto visual, caminas encorvado o buscando ocupar poco espacio.
- Sientes que amistades tóxicas se aprovechan de ti.
- No te sientes amado ni aceptado.

- No te gusta hablar en público y piensas que lo que dices no es importante.
- No sabes cuáles son tus verdaderos valores.
- Dudas constantemente de ti mismo.
- A menudo te comparas con amigos o con extraños.
- A menudo alejas a las personas por miedo a que descubran tu "verdadero yo".
- Caes en las mismas relaciones tóxicas una y otra vez.
- Aceptas un salario menor o te cuesta cobrar por tu trabajo.
- Tienes dificultades para dormir.
- No sabes cómo defenderte o argumentar en situaciones sociales.
- No puedes quedarte quieto y solo durante diez minutos sin sentirte ansioso o triste.
- A menudo navegas por las redes sociales y te pregunta por qué la vida de tus amigos es más emocionante / más importante / más exitosa que la tuya.
- Te sientes inferior cuando estás rodeado de personas más hermosas / inteligentes / competentes.

Por cierto, en el capítulo siete encontrarás poderosos ejercicios para fortalecer tu autovalía.

Reflexiona
- ¿Qué mensajes has recibido sobre tu valor por parte de tu familia al crecer, de tus amigos, incluso en las redes sociales?
- ¿Qué mensaje has recibido sobre el valor de tu voz y sobre el valor de lo que tienes que decir?

Ya casi llegamos a la parte de estrategia donde te compartiré más sobre este tema.

Decide ser feliz

Sí, es una decisión

05

> *El éxito no es la clave para la felicidad. La felicidad es la clave del éxito. Si te gusta lo que haces, serás un éxito.*
> — Dr. Albert Schweitzer

La vida me ha enseñado a ser feliz. En medio de los retos, las dificultades, las frustraciones y también en medio de la tristeza, puedo decir que aprendí a ser feliz. Suena contradictorio, ¿verdad? Tienes razón, no parece tener sentido que asegure ser feliz en medio de la tristeza, pero así ha sido porque he descubierto que *la felicidad no es un lugar al que finalmente llegas después de superar obstáculos, sino que es un estado intencional que podemos desarrollar.*

Por supuesto que sufrí mucho cuando murió mi mamá o cuando me divorcié, por decirte solo un par de eventos dolorosos en mi vida, pero ahora entiendo que, si le permitimos a esas situaciones tomar el control de nuestra voluntad, terminaremos amargándonos porque, como ya hemos visto, las pérdidas y decepciones siempre ocurrirán, así que lo que tenemos o no tenemos, lo que nos sucede o no nos sucede, no puede determinar si somos felices o desdichados. Creo que intentando poner en claro ese enfoque sobre la felicidad me entusiasmé por estudiar psicología.

Primero para entenderme y luego para entender y ayudar a los demás, busqué opciones para estudiar el comportamiento humano. Ya me había graduado de abogada y ejercía mi carrera, pero al ver las situaciones que enfrentaban las personas, me sentía incapaz de ayudarlas al nivel que yo deseaba. Las respuestas legales son muy pragmáticas y claras, no así el manejo de las emociones, como ya lo hemos visto, y justo eso era lo que yo deseaba ayudar a procesar; por eso pensé en cómo podía prepararme más y mejor. En ese tiempo también estudiaba mucho la Biblia y estaba muy activa en la iglesia, así que fue otra motivación. Al ser espíritu, alma y cuerpo, deseaba entendernos como seres humanos para brindar apoyo, y en ese proceso, realmente la primera beneficiada fui yo.

Así fue como llegué a la conclusión de que *la felicidad es una elección, es un estado mental que se desarrolla a partir de nuestro diálogo interno que siempre debemos programar para salir adelante sin importar la situación que enfrentemos.*

No me mal interpretes, no se trata de envolverse en una coraza para ser insensibles o inmunes, no, nada de eso; tampoco es un ejercicio new age que nos permite tener un viaje astral donde el dolor no nos afecta, más bien es interiorizar nuestro valor y recordarnos constantemente que somos más que las situaciones que vivimos. Sí, tú eres más que ese despido o esa ruptura amorosa, tú vales más que ese luto o esa enfermedad, por lo tanto, vale la pena enfrentar esas situaciones y dominarlas para evitar que ellas nos dominen a nosotros.

Entender para procesar

Así que allí estaba yo, de nuevo inscribiéndome en la universidad, emocionada por todo lo que aprendería. El programa al que me inscribí era muy conveniente porque tenía clases presenciales solamente cuatro días al mes y lo demás eran proyectos, trabajos en grupo y en línea. ¡No te imaginas lo que disfruté esa Maestría en Consejería Psicológica y Salud Mental! Era la única abogada entre psicólogos y una periodista comprometidas con entender la conducta humana.

Me gustó mucho la psicología positiva, propuesta por el psicólogo Martin Seligman. No es la tradicional que busca diagnosticarte para tratar tus síntomas de codependencia, bipolaridad o depresión, por ejemplo, sino que se enfoca en estudiar cómo procurar el bienestar psicológico al ayudar a que las personas descubran sus fortalezas y virtudes, todo lo que da valor a la vida para encontrar las claves de su salud: la creatividad, la inteligencia emocional, la resiliencia al estudiar procesos y comportamientos individuales que impactan en las relaciones a todo nivel.

¡Me encantó ese enfoque! Además de que me quedó como anillo al dedo para todo lo que hacía y deseaba hacer. Sinceramente recomiendo que todos estudiemos y apliquemos la psicología positiva porque sin duda nos ayuda a descubrir que la felicidad es una decisión que todos merecemos tomar. De esa forma aprendemos a descubrirnos y entendernos para procesar y manejar nuestras emociones, además de mejorar nuestro diálogo interno y programación neurolingüística, lo que nos brinda herramientas para mejorar y ayudar a otros.

En mi caso, descubrí que al ser auténticamente yo, al no pretender ser de una forma específica para encajar en algún grupo, al hacer valer mi voz, mejoraba mi autoestima y realización personal. No significa que yo fuera hipócrita, pero a veces me quedaba callada por no incomodar o por evitar que alguien se sintiera mal. Entonces aprendí a decir no, a ser auténtica y dejar de buscar la forma de complacer a los demás.

Definitivamente la felicidad no es un estado permanente, sino que son momentos que se van sumando y que tenemos la capacidad de provocar. Por supuesto que no podemos ser felices siempre, pero sí podemos tener ese contentamiento que nos permite visualizar todo, incluso los momentos difíciles, con una óptica más positiva.

A mí se sucedió, en un momento me vi con treinta y ocho años, divorciada, triste por las pérdidas, pero decidí tomarlo como una oportunidad para descubrir nuevas rutas y replantearme qué deseaba hacer con mi vida hizo toda la diferencia y me encaminó hacia mi propósito de ayudar a las personas a pasar su propio dolor, después de procesar el mío. Enfrenté y asumí aquello que era importante para mí, comprendí que el dolor es parte de la vida y que podemos superarlo cuando vemos que no se trata de lo que nos sucede sino de cómo interpretamos lo que nos sucede.

Estudiarme y sanar me ayudó para entender cómo brindar apoyo a los demás y me quitó cierto peso de intentar ser complaciente. Recuerdo que cuando estaba con grupos en la iglesia, yo me ofrecía para todo. No importaba lo que tuviera que hacer para lograr las tareas que yo sola me comprometía a realizar, ahí me veías llevando y trayendo personas, organizando retiros, preparando prédicas, ¡era como una orquesta que tocaba yo sola! Y me encantaba hacerlo, pero no me daba cuenta de que a veces hasta olvidaba comer y me enfermaba de gastritis.

Por supuesto que es bueno dar todo de nosotros, pero el cuerpo y la mente se resienten cuando no administramos bien nuestras fuerzas. Finalmente comprendí que ya soy aceptada y amada por Dios, así que lo que pueda hacer por otros está bien, pero no necesito ganarme la aceptación de los demás, ni de Dios.

Otras perspectivas enriquecedoras

Al estudiar la maestría conocí a profesionales de otras áreas que me enriquecieron muchísimo. Tenía compañeras que me mostraron su cosmovisión maya, otras me compartieron su experiencia docente con niños y jóvenes de diferentes edades, o de capacidades especiales; en fin, todo me ayudó a entender cómo la empatía es fruto de escuchar las historias de las personas. Mucha gente no es empática porque no logra visualizar que todos somos historias y que si nos interesamos por descubrirlas logramos conectarnos y ser más felices. Fuimos creados para disfrutar la vida en comunidad. Cuando me invitan a dar conferencias o charlas, intento ver el rostro de cada persona. Es impresionante pensar que un auditorio con trescientas o cuatrocientas personas es realmente un espacio con esa misma cantidad de corazones e historias que incluyen dolores, traumas, inquietudes y expectativas. Pensar que yo puedo ayudarlas es parte de mi felicidad.

Solo pude llegar a ese momento de dar libremente cuando descubrí que debía ser auténtica, aunque no a todo el mundo le agradaría. Por supuesto que hay gente a quienes le caeremos mal, tal como ya vimos que Joel Osteen dice. ¡Fue liberador escucharlo!, porque comprendí que realmente no le caería bien a todo el mundo, por más que me esforzara. Yo no soy la salvadora de una persona ni del mundo, solo Jesús lo es, nadie más.

Fue esencial internalizar esa verdad y dejar ir el pasado de mi antigua yo que cargaba con el peso de la aceptación que me limitaba. Eso me recuerda cierta vez cuando tenía unos nueve años; era noviembre y en esa época hace mucho viento en mi país, por lo que volamos barriletes, que en otros países se conocen como papalotes o cometas. Mis padres y yo compramos uno sin decoraciones para que yo lo pintara, ¡me quedó lindo! Ya listo mi barrilete, salimos a volarlo y con el fuerte viento subió muy alto.

Era genial verlo danzar por el aire; yo estaba encantada y le pedí a papá que me diera el cordón para controlarlo. Como había mucho viento, el barrilete comenzó a irse más y más alto jalando del cordón con el que yo lo sostenía porque no quería que una ráfaga se lo llevara. ¿Cómo dejarlo ir si me había quedado tan lindo? Luché y me aferré de modo que el cordón me estaba lastimando la mano, hasta que mi papá me dijo que lo soltara. ¿Cuál es ese barrilete al que te aferras y que te impide ver que mereces la felicidad? ¿Qué es lo que te está costando soltar?

Al estudiar psicología avancé en mi sanidad emocional, que sumada a mi sanidad espiritual y física me permitió lograr ese contentamiento en cualquier circunstancia. *Por supuesto que no siempre nos sentimos felices, pero el contentamiento es un gozo en el corazón que se logra cuando estamos donde debemos estar y hacemos lo que nos brinda plenitud al servir a Dios y a las personas, siendo auténticos.* Y ser auténticos no significa aferrarnos a nuestro ego como mi abuela decía: "Yo soy enojada, así seré y aquí me quedo"; ser auténtico significa servir con genuina intención de dar lo mejor, con nuestra identidad y valor claros en Dios. Ser auténticos significa esforzarnos por crecer y lograr la mejor versión de nosotros para nosotros y para los demás, dejar ir lo que debemos dejar, descargarnos para encontrar ese contentamiento y felicidad.

A los treinta y ocho años pensaba que no sería feliz; tenía mi carrera, pero me sentía incompleta. Mi mamá acababa de fallecer y me había divorciado, así que pensaba: "¿Cómo podré volver sonreír?" Pero aprendí a soltar el dolor para reconstruirme y contentarme con lo que yo era y tenía en ese momento. Si me hubiera dejado arrastrar por mi dolor, no habría descubierto todo lo bello que me ha sucedido después de esa época tan difícil, porque confirmé que Dios tiene bendiciones para quienes le creemos que podemos ser sus colaboradores. Es mentira que no puedes ser feliz, es mentira que la vida es solo dolor y sufrimiento, todo depende de tu deseo por ver cada momento con gratitud para encontrar la paz y el contentamiento que nos encaminan hacia la felicidad.

El dolor es inevitable, el sufrimiento no.

Vida plena, con significado y felicidad

Las circunstancias no importan realmente cuando decidimos que nuestra vida sea plena, porque el significado de lo que acontece depende de nosotros.

Te animo a que establezcas un plan para integrar estas diez emociones positivas a tu vida:

1. Amor que impregne cuanto pienses, digas y hagas.

2. Inspiración que tomas de otros y que también das.

3. Diversión hasta en lo rutinario.

4. Orgullo por tus esfuerzos y logros.

5. Esperanza para planificar un futuro lleno de posibilidades.

6. Interés genuino por ti y por los demás.

7. Serenidad frente a la incertidumbre y dificultad.

8. Gratitud que le agrega significado a todo.

9. Alegría que contagies con tu sonrisa.

Encontrar o construir tu felicidad...

¿Qué consideras que necesitas para ser feliz? Seguramente llegan a tu mente las cosas que deseas: tu vehículo, una casa, encontrar al amor de tu vida, salir de deudas o restablecer tu salud. Generalmente pensamos en todo lo que nos hace falta: "Sería tan feliz si lograra…" Pero siendo realistas, cuando logramos eso, inmediatamente pensamos en lo que continúa haciéndonos falta, ¡así que la felicidad completa nunca llega!

Hay quienes creen o sienten que la felicidad está relacionada con los bienes materiales y con el dinero. Por eso existen frases como "El dinero no hace la felicidad, pero ayuda", porque con necesidades insatisfecha nadie es feliz.

¿Qué sucede? ¿Significa que nunca seremos felices? La propuesta que te hago es visualizar la felicidad como un estado mental, no como un logro que resulta de tener un montón de cosas. Este enfoque es bastante conocido y es el que yo aplico en mi vida. Según la psicología positiva, propuesta por Seligman, la felicidad está al alcance de algunas acciones concretas alejadas del afán por conseguir lo que no tenemos, al contrario, estas acciones se enfocan en aprovechar y disfrutar de lo que sí tenemos para ser más amigables, alegres, compasivos y agradecidos.

Este enfoque nos otorga a cada uno el poder de construir nuestra felicidad al descubrir que ser felices no depende de lo que tengamos o lo que nos sucede, sino que depende de las actitudes y acciones que decidamos asumir y manifestar. ¿No te parece genial? ¡A mí me parece verdaderamente liberador!

1. *Ser amigables*
Veamos al mundo con un temperamento agradable; que nuestra apertura a nuevas personas y experiencias sea como un imán que atraiga y encante. La amistad se construye al ofrecer confiabilidad, calidez y buen humor. Se trata de entender que la recompensa por la amabilidad no siempre es evidente de inmediato. Los seres humanos somos criaturas sociales y es mucho más probable que ser bondadoso y amigable te ayude a construir tu "tribu" mas fácilmente que mostrar indiferencia o desinterés.

Ser alegres
No sé si te has dado cuenta, pero las sonrisas son contagiosas, y si puedes encontrar la energía para ofrecer tu sonrisa a las personas, incluso si sientes que tu mundo interior se está derrumbando o tienes pereza, te sentirás mejor cuando te devuelvan esa sonrisa.

De hecho, sonreír es terapéutico para quien la da y para quien la recibe. El regalo de una sonrisa genuina es sinónimo de san dad emocional y psicológica. ¿Sabías que imaginar a una persona que amas sonriéndote es tan poderosamente curativo como tenerla frente a ti?

Muchas veces, sonreír en medio de las dificultades es lo te ayuda a cambiar tu perspectiva y aumentar tu capacidad para lidiar con la situación. Sé empático con quienes buscan tu ayuda y ofréceles apoyo a través de una alentadora sonrisa. Cuando procuras que tu presencia sea como bálsamo en tiempos difíciles, ¡la recompensa puede ser enorme!

 Ser compasivos
Ofrecer tu compasión también te beneficia muchísimo, porque se motiva a reconocer que todos tenemos deficiencias y cometemos errores. Valorar a los demás incluso con sus defectos te ayuda a ser menos estricto con las expectativas, lo que se convierte en una ventana abierta hacia la felicidad.

Sinceramente, la mayoría de nosotros estamos haciendo lo mejor que podemos. Claro, algunos días nuestro "mejor" está lejos de ser "suficiente", y hay días cuando sabemos que dimos menos de lo que somos capaces, pero así es la vida. Nadie está al cien por ciento de su nivel todos los días, así que apreciemos el esfuerzo de todos para ser felices.

Ser agradecidos
Lo que sea que tengas y donde sea que estés, siempre puedes encontrar alguna razón para estar agradecido. Reconocer tu buena fortuna, por mínima que sea en este momento, puede mejorar tu bienestar general.

No lo digo solo yo, está comprobado que estar verdaderamente agradecido por lo que tienes que ayuda a dormir mejor y a disfrutas de mejores relaciones. Por si fuera poco, se ha confirmado que el nivel de gratitud es inversamente proporcional a su nivel de depresión o tristeza. Entonces, cuanto más agradecido seas, ¡mejores serán tus probabilidades de ser feliz!

Si andas esperando que el mundo te haga feliz, te tengo una noticia: simplemente no sucederá. Tu felicidad depende de ti, de que escojas conductas positivas que influyan en tu satisfacción y en la satisfacción de quienes te rodean.

Las personas felices disfrutan de una vida menos estresante, viven más tiempo porque padecen de menos enfermedades crónicas.

Recuerda, solo necesitas trabajar en uno de estos cuatro aspectos para comenzar:

 Ver al mundo con una actitud positiva.

 Sonreír y hacer amigos.

 Aceptar a los demás con sus imperfecciones.

 Ser consciente de todo lo que tienes, en lugar de preocuparte de lo que no tienes.

Es mucho más divertido estar cerca de ti si te sientes bien con la vida. Tu familia y amigos lo apreciarán, así que construye tu felicidad. ¡Vale la pena!

¡Sí se puede!

Creo que estamos de acuerdo con que la felicidad es un estado del ánimo que supone satisfacción, y la satisfacción es subjetiva, además de relativa. Lo que te satisface a ti puede que no me satisfaga a mí, aquello con lo que te sientes complacido puede que no me complazca a mí. En gustos se rompen géneros, decía mi abuela.

Por lo tanto, el estándar es que solemos sentirnos felices cuando alcanzamos nuestros objetivos y cuando superamos retos. Al contrario, si no lo logramos, no sentimos frustrados e infelices. Te dejo otros aspectos más que te pueden ayudar a trabajar en ti.

Vive conscientemente
Cada mañana mírate al espejo y di: "Hoy estoy muy feliz. Será un gran día". Nuestra mente aprende de la repetición, así como hemos aprendido montones de hábitos. Haz que la felicidad sea otro hábito, el más importante. Comprométete a ser feliz.

Practica la autoaceptación
Valora que eres único e irrepetible. Aprecia tus talentos y potencial. Con personas como tú podemos cambiar al mundo porque formas parte de un selecto grupo que ha evolucionado como especie. Acéptate, quiérete y desafíate a mejorar.

Pasa tiempo de calidad
Nuestra felicidad no es una meta que alcanzamos solos. Transmite amor, cariño y afecto. Pasa tiempo de calidad con tus amigos, dedícate a cultivar tus relaciones sociales y a mejorar tu comunicación y contribución.

Deja de quejarte
Reducir las quejas y dejar de lado los resentimientos mejora instantáneamente tu vida. Perdónate y perdona. No culpes a nadie por tus fracasos, deja de pensar que es por culpa de los demás que no has conseguido lo que quieres. Todo depende únicamente de ti.
Cuando comprendas que solo tú eres quien define tu vida, te perdones y no culpes a los demás, estarás más cerca de sentirte satisfecho y feliz.

Disfruta la vida
Tómate el tiempo necesario para disfrutar haciendo lo que amas. Pasa tiempo con esa persona especial. Diviértete, juega, observa, sal, distráete, ¡muévete! Deja la vida tan sedentaria y enfócate en disfrutar cada momento que puedas. ¡Sé que me lo agradecerás! Muchos llegan a viejos pensando en todo lo que no hicieron porque simplemente no se les ocurrió que tenían una vida para disfrutar. ¡Aprovéchala!

Celebra tu vida
Las personas felices celebran sus procesos y su crecimiento. Cada vez que logres algo, ¡celébralo! Aprende a recompensarte por las cosas buenas que haces y logras, verás que automáticamente sentirás motivación para lograr cosas mejores, lo que provocará que cada vez más feliz y te sientas realización.

Lo mejor está frente a nuestros ojos

Si estás decido a construir tu felicidad, debes aprender a ver la vida con nuevos ojos expectantes, emocionados porque sabes que lo mejor está por llegar. ¿Te consideras optimista o pesimista? Los optimistas en general tienen confianza en el mañana. Los pesimistas siempre tienen dudas y llegan a ser cínicos respecto al futuro. El miedo producto de experiencias pasadas hace que anulen sus expectativas pensando que así no se desilusionarán.

De nuevo, la buena noticia es que podemos aprender a ser optimistas al fortalecer lo que llamamos inteligencia emocional. ¿De qué forma? Ejercitando el manejo de nuestras emociones negativas, la ansiedad, el estrés, la frustración y la tristeza. Por eso ya enumeramos diez emociones positivas con las que desarrollas tu inteligencia emocional, lo que mejora tu optimismo y te ayuda a construir tu felicidad.

De Martin Seligman, uno de los precursores de la psicología positiva que se enfoca en el estudio de as fortalezas y virtudes humanas para promover el bienestar y la felicidad, aprendí una efectiva herramienta antipesimismo. Es muy sencilla, atrévete a desafiar tus pensamientos negativos con preguntas como:

- ¿Qué evidencia tengo de estos pensamientos?
- ¿Puedo encontrar otra explicación a lo que pasó?
- ¿Estará mi pesimismo relacionado con algo que me sucedió en el pasado?
- ¿Cuáles son las implicaciones reales de esta situación?
- ¿Realmente me importa?

Podemos aprender a ser optimistas, con esperanza en el futuro, sin obviar la realidad, sino escogiendo tener fe en el mañana. Vale la pena trabajar en nuestra felicidad y en la expectativa de que lo mejor de nuestra vida aún está por suceder.

Reflexiona
- ¿Alguna vez, has sentido que eres tu propio obstáculo para ser feliz?
- ¿Te has identificado como la víctima de alguien o algo y te cuesta dejarlo ir?
- ¿Te cuesta celebrar las cosas buenas que haces o que te suceden?

Estrategia L.O.V.E. ♡

Un camino al autodescubrimiento

06

> *Nadie puede hacerlo por ti. Tienes que hacerlo por ti mismo.*
>
> — *Eleanor Roosevelt*

¡FELICIDADES POR LLEGAR HASTA AQUÍ!
Ahora comienza lo mejor porque pondremos manos a la obra con LOVE, la herramienta que se convertirá en tu mejor aliada para desarrollarte como líder imparable.

A partir de hoy, la palabra LOVE, universalmente conocida, tendrá un nuevo significado para ti. Cada letra de esta palabra en inglés cuya traducción al español es AMOR, te recordará cuatro aspectos en los que continuamente debemos trabajar:

Live your purpose
♡ Vive tu propósito.

Overcome obstacles
♡ Supera los obstáculos.

Value yourself and others
♡ Valórate y valora a los demás.

Excell in what you do
♡ Destaca en lo que hagas.

¿Qué te parece? ¿Te suena aplicable y útil? Puede ser que me digas: "Carol, pero ¿cómo hago para vivir mi propósito, superar los obstáculos, valorarme, valorar a los demás y destacar en todo lo que haga? ¡Suena abrumador! Lo sé, lo sé, pero todo es gradual y comienza dando el primer paso: aceptar que podemos y merecemos usar nuestra voz positivamente, abriendo espacio a la posibilidad de mejorar cada día, y de alguna forma, en cada uno de esos cuatro aspectos.

¿Sabes cuál es el ingrediente indispensable para lograrlo? Mmm… creo que lo adivinaste, ¡sí!, *el AMOR, por eso no es casualidad que esta palabra en inglés nos revele los cuatro fundamentos de nuestro liderazgo.* Creo que es alucinante y poderoso. ¿No te parece?

Es como una mesa o una silla que se sostiene por cuatro patas o como un auto que necesita las cuatro ruedas para avanzar. ¿Qué otra analogía se te ocurre? Justo ahora que veo a Jack, mi compañero inseparable, mi perrito, descubro que necesita de sus cuatro patitas. Hace unos años, Jack se lastimó jugando; me di cuenta porque cojeaba, así que lo llevé al médico y necesitó que le inmovilizaran su patita para sanar. Durante dos semanas, Jack no pudo jugar como le gustaba, intentaba caminar y lo lograba con dificultad. Necesitó de mi ayuda para todo. Justo eso sucede cuando no atendemos algunos de los cuatro aspectos de LOVE en nuestra vida. Sin duda, necesitamos ayuda extra y se nos dificulta avanzar, además de que se nos hace cuesta arriba usar nuestra voz porque se ahoga en:

la incertidumbre
(lo contrario de vivir nuestro propósito).

las dificultades
(lo contrario de superar los obstáculos).

el menosprecio
(lo contrario de valorarnos y valorar a los demás).

la mediocridad
(lo contrario de buscar la excelencia).

Entonces, ¿por dónde empezamos? El primer paso es tomar las riendas de nuestra vida, ese sentido de propiedad nos hará ver resultados. Debemos escoger si vamos a ser víctimas o autores de nuestra historia. Si ya decidiste que nada ni nadie silenciará tu voz, ¡felicitaciones! Entonces, comencemos a trabajar.

Live your purpose

Vive tu propósito

07

> *El sentido de la vida es ayudar a otros a encontrar el sentido de su vida.*
> — Victor Frankl

Live your purpose.
♡ Vive tu propósito.

Te confieso que he escuchado tanto la palabra propósito que dudé en incluirla, pero la realidad es que, si deseamos experimentar una vida plena, motivada por nuestro impulso interno, debemos ser intencionales en buscar la forma de relacionar nuestros dones, historia y habilidades para lograr el impacto positivo que deseamos lograr.

En los primeros capítulos hablamos de que nuestra vida tiene significado, que tenemos una voz y será más fuerte en la medida que nos entendamos mejor nosotros mismos, porque esa es la vía para encontrar nuestro propósito.

Del propósito a la realización

Mis amigos Brian y Gabrielle Bosche, en su libro El factor propósito (The purpose factor) dicen que propósito es lo mejor de lo que tenemos para ayudar a otros. ¿Qué es lo mejor que tienes para dar a los demás? Cuando lo descubrimos y lo aprovechamos para ayudar a otros, alcanzamos la realización.

Esa realización es fruto de desarrollar una mentalidad de abundancia, paz y enfoque en lo que nos proponemos lograr cuando comprendemos que las cosas no nos pasan a nosotros, sino que las cosas pasan POR nosotros, es decir, porque nosotros provocamos lo bueno que nos sucede.

Veamos este sencillo diagrama que nos muestra los componentes para encontrar nuestro propósito. ¡Es un modelo muy práctico!

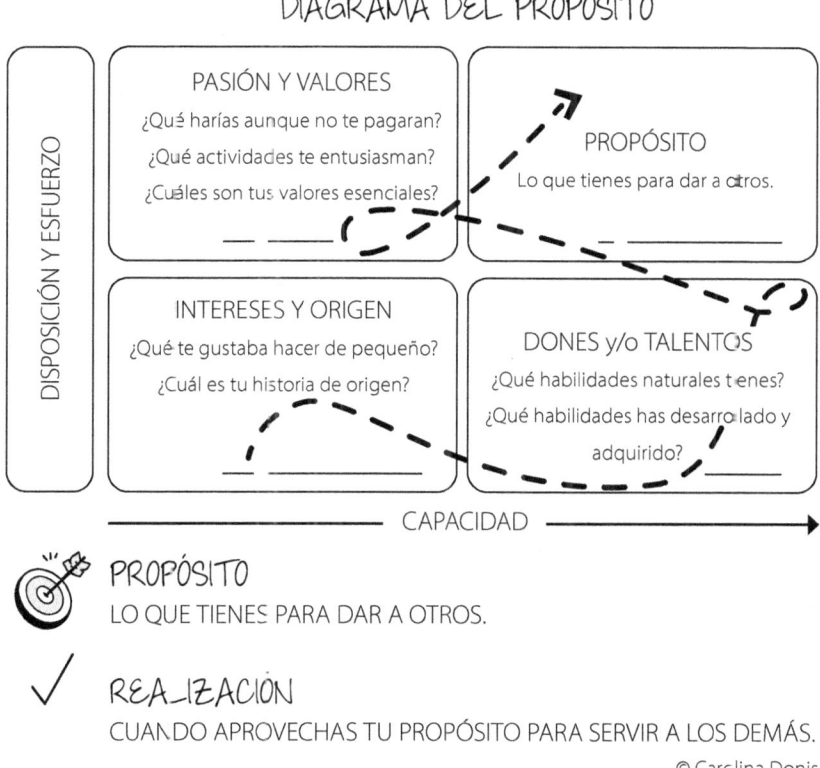

PROPÓSITO
LO QUE TIENES PARA DAR A OTROS.

REALIZACIÓN
CUANDO APROVECHAS TU PROPÓSITO PARA SERVIR A LOS DEMÁS.

© Carolina Donis

Empecemos descubriendo nuestros intereses, para luego analizar los dones y talentos que se alinean con esos intereses. Así encontraremos lo que nos apasiona, lo que haríamos incluso si no nos pagaran por ello y en esa ruta está nuestro propósito.

La progresión es sencilla si sigues tus intereses naturales y los combinas con los dones y talentos que tienes y sientes esa energía que te da la pasión (bien entendida) encontraras tu propósito. Así que nuestro propósito combina nuestra disposición y también nuestra capacidad.

Reflexionar y responder estas preguntas te ayudará con tu diagrama de propósito

 ¿Cuál es tu historia de origen? ¿Dónde naciste, cómo te recuerdas de pequeño, cómo fue tu relación familiar?

_____

¿A qué jugabas de pequeño? Antes de tener expectativas de lo que deberías ser según tu entorno.

_____

¿Qué habilidades naturales tienes? Se te ha hecho fácil dibujar, aprender idiomas, aplicar matemáticas, contar chistes o hacer amigos, por ejemplo.

_____

¿Qué habilidades has desarrollado o adquirido con el tiempo? Programar software, organizar eventos, o hablar en público, por ejemplo.

_____

¿Cuáles dirías que son tus valores esenciales, aquellos que te definen?

 _____

¿Cuáles son las actividades que más te gusta hacer? Nota si es en solitario o con otras personas, si es al aire libre o en tu casa.

_____

Si heredaras o te ganaras un billón de dólares, ¿a qué dedicarías tu vida productiva?

_____

¿Se te dificulta responder estas preguntas? Pide su opinión a un familiar o amigo de confianza. Toma en cuenta que consultes con alguien confiable, cuya vida refleje lo que deseas ser.

> ¡Has descubierto tu propósito!

Overcome obstacles

Supera los obstáculos

08

> *Los obstáculos no pueden detenerse. Los problemas no pueden detenerse. Las personas no pueden detenerse. Solo tú puedes detenerte a ti mismo.*
> — *Jeffrey Gitomer*

Overcome obstacles
♡ *Supera los obstáculos.*

De nosotros depende que los obstáculos sean escaleras o toboganes. Tomemos la decisión de que nos ayuden a crecer, no a caer. ¿Crees que serás feliz cuando te cases, cuando bajes de peso o compres ese auto que deseas? *Pensar que seremos felices cuando logremos "algo" es uno de los engaños más comunes, porque en realidad HOY es el día que tenemos al alcance para sentirnos agradecidos, gozarnos con lo que somos y tenemos.*

Como ya vimos, no se trata de ser conformistas, sino de hacer planes a partir del agradecimiento por lo que tenemos, es decir nuestros dones, talentos y oportunidades. Veamos algunos de los obstáculos más comunes que debemos superar: los miedos, la resistencia al cambio y la procastinación.

Miedos

El miedo es parte natural de nuestro mecanismo de sobrevivencia. Si un león nos persigue, el miedo nos impulsa a correr para salvar nuestra vida. El problema surge cuando el miedo toma el control de nuestra vida y nos paraliza.

Dentro de mi practica de consejería psicológica encontré que la terapia cognitivo-conductual (TCC) era uno de los mejores recursos, ya que se enfoca en identificar y cambiar los patrones de pensamiento y comportamiento negativos. Puede ser útil para abordar los miedos irracionales y aprender nuevas formas de pensar y responder ante ellos.

Veamos un ejercicio de terapia cognitivo-conductual para trabajar en tus miedos:

> Yo te conté sobre mi primer dia en Harvard, cuando vencí mis miedos controlando lo que estaba pensando.

 1. Identifica y registra tus pensamientos negativos:

Cuando experimentes miedo, toma un momento para identificar los pensamientos negativos que están asociados con ese miedo. Por ejemplo, si tienes miedo a volar, tus pensamientos negativos podrían ser: "El avión se va a estrellar" o "No podré controlar mi ansiedad durante el vuelo".

_____

_____

_____

2. Cuestiona tus pensamientos negativos:

Cuando hayas identificado los pensamientos negativos, examínalos críticamente. Pregúntate si hay alguna evidencia real que respalde esos pensamientos. ¿Existen pruebas concretas de que el avión se va a estrellar? ¿Has tenido malas experiencias que justifiquen tus temores?

_____

_____

_____

3. Busca evidencias que contradigan tus pensamientos negativos

Por ejemplo, podrías investigar las estadísticas de seguridad de los vuelos y descubrir que volar es una de las formas de transporte más seguras, o podrías recordar los vuelos sin incidentes que has experimentado.

 4. Genera pensamientos realistas alternativos:

Una vez que hayas cuestionado tus pensamientos negativos y hayas encontrado evidencias contradictorias, reemplázalos. Por ejemplo, en lugar de pensar "El avión se va a estrellar", podrías pensar "Los pilotos están altamente capacitados y se toman todas las medidas para un vuelo seguro".

 5. Practica los pensamientos alternativos:

Repite en voz alta o por escrito esos pensamientos alternativos realistas que has generado. Puedes hacerlo varias veces al día, especialmente cuando sientas que el miedo comienza a aparecer. Esto te ayudará a reforzar los nuevos patrones de pensamiento.

6. Enfrenta gradualmente tu miedo:

Una parte importante de la terapia cognitivo-conductual es la exposición gradual al objeto o situación, permitiéndote experimentar la ansiedad mientras practicas tus nuevos pensamientos realistas. Por ejemplo, si tienes miedo a volar, puedes comenzar visitando un aeropuerto sin necesidad de volar y luego ir avanzando hacia la experiencia completa de volar.

Si tus miedos son muy intensos o te resulta difícil manejarlos, es recomendable buscar la ayuda de una terapeuta o consejero.

El primer paso siempre será tomar la decisión de que ese miedo no te paralizará. Claro que lo sentirás, pero no tomará el control de ti. Muchas veces he tenido que enfrentar una situación con todo y miedo. He respirado profundo para oxigenarme y decirme: "Carol, estás aquí por alguna razón, así que para adelante con fe. Si Dios te trajo aquí es porque es parte de su propósito para tu vida y te ha capacitado para lo que enfrentarás."

> La dificultad en la vida es una oportunidad para crecer.

Resistencia al cambio

¿Has escuchado el refrán "Más vale lo viejo conocido que lo nuevo por conocer"? Ilustra muy bien la tendencia natural al acomodamiento. Nos acostumbramos a todo, aunque sea incómodo. Es parte de nuestra psicología que nos ayuda a sobrevivir, pero que también se puede volver una trampa. Nuestro cerebro está diseñado para crear atajos, así ahorra energía al crear rutinas que nos sirve para enfocarnos en procesos más complejos. Conozco a muchas personas que siguen en relaciones tóxicas porque prefieren quedarse allí que afrontar el cambio. Lo más difícil siempre será salir de nuestra zona de confort porque nos resulta segura y conocida, pero te tengo una noticia: *Usar tu voz y avanzar en tu propósito requiere valor para soltar y disponernos a tomar lo que está por delante.*

En esto, la intencionalidad juega un papel muy importante, porque nada sucederá si no decides que suceda y tomas acción para que suceda. Cuando sientas que te estás acomodando y te cuesta trabajo ver lo nuevo con entusiasmo, sigue estos pasos:

Identifica el cambio específico al que te resistes. Puede ser un cambio en tu vida personal, profesional o incluso un cambio interno en tus pensamientos o comportamientos.

_____

_____

_____

Reflexiona sobre tus pensamientos y emociones respecto al cambio. ¿Qué creencias o ideas tienes sobre el cambio en general o sobre este cambio específico? ¿Qué emociones te genera? Tómate un tiempo para escribir tus pensamientos y emociones relacionados con el cambio.

_____

_____

_____

Cuestiona tus creencias limitantes respecto a ese cambio y pregúntate si son realmente válidas. Por ejemplo, si crees que todos los cambios son malos o que nunca podrás adaptarte, cuestiona esas creencias y busca evidencias que las contradigan. ¿Esas creencias te impulsan o te frenan? Elimina lo que te frene.

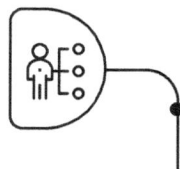

Encuentra beneficios potenciales, las nuevas oportunidades y crecimiento personal que ese cambio te aporta. Haz una lista de posibles beneficios y oportunidades que podrían surgir como resultado de este cambio.

Divide el proceso en pasos más pequeños y manejables. Luego, establece metas y toma pequeñas acciones hacia el cambio. Esto te ayudará a generar confianza y te permitirá experimentar el cambio de manera gradual y controlada.

No tengas miedo de buscar apoyo durante este proceso. Puedes hablar con amigos, familiares o buscar a un profesional de la salud mental que te pueda brindar orientación y apoyo adicional. Además, busca recursos, libros o cursos que traten sobre el tema del cambio y la resiliencia para ampliar tu conocimiento y habilidades.

Recuerda que cada paso que tomes hacia lo nuevo te brinda valiosas oportunidades para usar tu voz.

Procrastinación

Dejar para mañana lo que podemos hacer hoy es algo que todos hemos hecho. ¡Deja de posponer o retrasar tareas que solo seguirán ahí pendientes! Tarde o temprano tendrás que enfrentarlas y si lo haces cuando ya se han vuelto urgentes, te enfrentas a una ansiedad desgastante.

La procrastinación puede tener diversas causas:

1. **Evitar el malestar.** Puede ser que nos sintamos abrumados por la dificultad de la tarea, el miedo al fracaso o el temor a no cumplir con nuestras propias expectativas. En lugar de enfrentar ese malestar, buscamos alivio inmediato posponiendo la tarea.

2. **Falta de motivación.** Cuando no percibimos una recompensa o una conexión clara entre nuestros esfuerzos y los resultados, es más difícil encontrar la motivación para empezar o completar una tarea.

3. **Distracciones y tentaciones.** En la era digital, estamos constantemente expuestos a distracciones como las redes sociales, los juegos en línea o la televisión. Estas atractivas opciones nos desvían de las tareas que debemos realizar.

4. **Perfeccionismo.** Si tenemos estándares extremadamente altos posponemos las tareas para evitar cometer errores.

5. **Falta de planificación y organización.** La falta de una estructura clara puede hacer que nos sintamos abrumados o desorientados, lo que nos lleva a posponer las tareas.

Procastinar es un comportamiento aprendido, así que puede modificarse. ¿Por qué pospones tus tareas? Descúbrelo y luego buscar estrategias prácticas para superar esa conducta. Lograrlo puede ser un desafío, pero no es imposible. Considera algunas sugerencias:

1. Observa, comprende y reflexiona sobre tus patrones de procrastinación. ¿Cuáles son las situaciones en las que tiendes a procrastinar? ¿Qué emociones, pensamientos o actividades suelen desencadenarla? Al analizar tus patrones, puedes ser más consciente de cuándo y por qué estás procrastinando.

2. Establece metas específicas, medibles y alcanzables para tus tareas. Divide las tareas más grandes en tareas más pequeñas y concretas. Esto te ayudará a tener una visión clara de lo que debes hacer y a reducir la sensación de abrumo.

3. Crea un plan y establece prioridades. Desarrolla un plan de acción detallado para cada tarea y establece plazos realistas para completarlas. Asegúrate de tener en cuenta el tiempo necesario para cada tarea y evita la sobrecarga de trabajo.

4. Identifica las distracciones que te llevan a procrastinar y trata de minimizarlas. Puedes desconectar las notificaciones del teléfono o bloquear sitios web o aplicaciones que te distraen. Crea un entorno de trabajo tranquilo y libre de distracciones para ayudarte a mantener el enfoque en tus tareas.

5. Experimenta con diferentes técnicas de gestión del tiempo, como la técnica Pomodoro, en la que trabajas durante un período de tiempo específico y luego descansas brevemente.

6. Aprende a manejar el perfeccionismo que ser una barrera importante para la acción. Reconoce que no todo tiene que ser perfecto y que es normal cometer errores. Permítete hacer avances y aprender de tus experiencias en lugar de buscar la perfección absoluta.

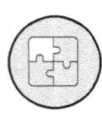

7. Establece recompensas para ti mismo al completar tareas o alcanzar objetivos. Celebra tus logros y reconoce tus esfuerzos. También puedes encontrar formas de motivarte como recordarte los beneficios a largo plazo de completar la tarea o visualizar el sentimiento de satisfacción al finalizarla.

8. Comparte tus metas y planes con alguien de confianza, como un amigo, colega o mentor. Pedir apoyo y rendir cuentas de tu avance te ayuda a mantener el enfoque.

¿Cómo ves este componente de superar los obstáculos? Es valioso ponerle ◆
nombre a esas conductas que nos detienen y se convierten en desafíos, ¿cierto?
Descubre en qué debes trabajar: en superar tus temores, en dejar de resistirte
al cambio o en tomar acción para completar tus tareas. ¡O quizá debes abordar
estos tres obstáculos! Está bien, descubrirlo es el primer paso, tú puedes lograrlo
para convertirte en un líder imparable con una voz fuerte y clara.

Value yourself and others

Valórate y valora a los demás

09

> *El amor y la amabilidad son las fuerzas más poderosas del mundo.*
>
> — *Sófocles*

Value yourself and others
♡ *Valórate y valora a los demás.*

En el capítulo cuatro conversamos sobre la autoestima y la autovalía, ¿recuerdas? Todo inicia con un profundo autoconocimiento y comprensión de quiénes somos, cuáles son nuestras fortalezas y debilidades, nuestras amenazas y oportunidades. Luego viene la aceptación para avanzar en el crecimiento personal, cuyo camino indiscutiblemente nos lleva hacia los demás. ¿Ves cómo todo está conectado y cobra sentido si lo vemos a través de los lentes del amor? De nuevo, no es casualidad que la esencia de esta herramienta LOVE sea el amor.

Amo lo que hago porque estoy convencida de que alcanzamos nuestra realización personal al agregar valor a otros. ¿Cómo lo logramos? Dando lo que tenemos: amor y estima. No puedes agregar valor si no te valoras, así de sencillo.

En mis viajes compartiendo programas de crecimiento personal, conociendo y trabajando con equipos en diferentes países me he dado cuenta de que, a los hispanos, especialmente a las mujeres, se nos enseña a priorizar las necesidades de otros, sobre las nuestras; contrario a lo que enseñan en la cultura anglosajona. Son dos puntos de vista diferentes. Ahora bien, lo que muestran los estudios sobre felicidad es que necesitamos ambos enfoques: *debemos valorarnos para vivir plenamente en comunidad, convencidos de que aportamos algo valioso* para que los demás también disfruten de una vida satisfactoria. Jesús nos enseñó: *"Ama a tu prójimo como a ti mismo"*, porque todo inicia con nuestra capacidad de valorarnos en nuestra justa dimensión.

> *Valorar a los demás es un acto de amor. Valorarte a ti mismo es un acto de fe.*
> — Lailah Gifty Akita

Entonces, trabajemos en estas 5 acciones para desarrollar nuestra autovalía

Acepta el reto de realizar diariamente por lo menos una de estas acciones.

1. Encuentra tu himno

Elige una canción que te haga sentir vivo y motive la mejor versión de ti, una canción que incremente tu energía y te inspire a bailar. Si tienes problemas para encontrar una canción perfecta para ti, intenta recordar tus días felices, seguramente encontrarás una canción que te haga sentir seguridad.

¿Acabas de elegir tu himno? ¡Genial, tómate un descanso para bailar! ¡El baile aumenta tus niveles de energía y disminuye la tensión! No te preocupes por verte al extraño, simplemente déjate llevar por el ritmo.

2. Levántate y baila

3. Envía un mensaje de texto a tres personas increíbles

¡Hazlo ahora! Escríbeles lo maravillosas que son. A veces, la mejor manera de sentirnos seguros es ayudar a los demás a sentirse seguros. Un estudio de la Universidad de Berkeley encontró que las personas solitarias o tristes se sentían mucho más felices cuando enviaban y

Sonríe con ese bonito gesto de asentimiento. Es increíble el valor que agrega un gesto que consume tan poca energía. El psicólogo *Todd Kashdan* realizó un experimento en el que caminaba por la calle e interactuaba con extraños haciendo una de tres cosas:
- Mirar rápidamente en su dirección.
- Asentir y sonreírles.
- Evitar todo contacto visual y fingir que no existían.

El resultado fue asombroso. Cuando los extraños nos ignoran, ¡nos sentimos aislados!, lo que inspira sentimientos negativos porque a todos nos encanta ser reconocidos y estar conectados. Así que cuando camines por el pasillo en el trabajo o veas a un extraño por la calle, sonríe y asiente. Ese pequeño gesto sorprendentemente agradable dice: "Te veo y estoy feliz por eso".

recibían mensajes de texto. No es de extrañar que creamos que las relaciones personales son uno de los mayores tesoros de la vida. Así que mira tus mensajes de texto. ¿A quién necesitas decirle "te extraño" o "eres genial"?

4.Sonríe y asiente

5. Fotos favoritas

Revisa esas fotos de momentos agradables. Te aseguro que sonreirás porque te inspiran sentimientos felicidad y cercanía. En 2013, la Universidad de Portsmouth realizó un estudio que obtuvo esta conclusión: las personas que vieron antiguas fotos en Facebook sintieron bienestar general porque el recuerdo positivo funciona. Te ayuda a conectarte y te brinda una sensación de logro. Revisa tu teléfono y elige cinco fotos que te hagan feliz. Compártelas a través de alguna red social, envíalas a quienes son parte de la imagen, ponlas como descansador de tu pantalla o como pantalla de inicio; mejor aún, imprímelas y pégalas en el espejo del baño para que puedas verlas todas las mañanas.

Incluye experiencias pendientes, situaciones nuevas que quisieras vivir. Cada vez que aprendemos algo nos sentimos más seguros. Algunas ideas:
- Inicia un jardín de té o de hierbas.
- Aprende a hacer pasta casera.
- Aprende un nuevo idioma.

6. Haz una lista de deseo de aprendizaje

- Descubre nuevos estilos culinarios.
- Inscríbete en un curso para tocar ese instrumento musical que siempre te gustó.
- Aprende a escribir un libro o intégrate a un club de lectura.
- Aprenda autodefensa.

¡Las opciones son infinitas!

7. Actualiza tus redes sociales

¿Te gusta la gente que sigues? Lo más probable es que, si eres como yo, necesites limpiar algunas de esas viejas cuentas, ¡y conectar con otras personas que te hagan sentir bien!

- Sigue a personas optimistas que postean contenido divertido y edificante. ¡El positivismo es contagioso!
- Elimina a las personas negativas porque la negatividad también se contagia. No sigas a quien te robe la paz.
- Sigue a tus comediantes favoritos. La risa es una de las formas más rápidas de sentirse increíble.

> **8. Adopta una postura y voz de confianza**

Convéncete de tu alto valor a través de tu lenguaje corporal. Tú tienes el control de tu postura así que aprovéchala. Pararte como un ganador te hace sentir un ganador. No es de extrañar que los ganadores de todo el mundo, sin importar su género o raza, usualmente ocupen tanto espacio como sea posible cuando ganan una competencia. ¿La mejor forma de hacer una pose ganadora? Canaliza a tu niño interior para imaginar que acabas de anotar el gol con el que tu equipo de fútbol se coronó campeón.

Escucha y trabaja en tu voz. Cuando te sientes cómodo y seguro, hablas fuerte y claro. Así que practica ese rasgo que influirá en tu autopercepción. Grábate y trabaja en los matices de tu voz que proyectan inseguridad como el bajo tono, el temblor en el sonido, la poca claridad en la dicción.

A veces olvidamos que incluso las cosas más pequeñas pueden alegrarnos. ¿Cuál es tu pequeña fuente de alegría? Piensa en una pequeña cosa que te haga feliz y provócala:

9. Encuentra alegría en los pequeños detalles y sé agradecido

- Intenta observar las estrellas.
- Haz algo inusual con tu pareja o con tus amigos.
- Disfruta lentamente cada bocado en tu próxima comida.
- Dedica tiempo a tu actividad favorita.
- Sal a caminar con tu mascota. Doce minutos al día pueden hacer la diferencia, te lo garantizo.
- Disfruta de esa película que has deseado ver.
- Crea una lista de reproducción con tus canciones favoritas, incluyendo tu himno.

Además, escribe tres cosas por las que estás agradecido. Numerosos estudios mencionados por Harvard han demostrado que la gratitud es el camino más rápido hacia la felicidad.
- Las parejas que expresaron más gratitud entre sí se

sintieron más positivas hacia la otra persona y más cómodas expresando preocupaciones sobre su relación.
- Los gerentes que agradecen descubrieron que sus empleados estaban más motivados para trabajar.

Yo agradezco por:
1. El amor de Dios que siempre se manifiesta en mi vida
2. La bendición de dedicarme a lo que me apasiona: ayudar a los demás.
3. La gente hermosa que me acompaña: mi esposo, familia, colaboradores y amigos.

10. Respira y medita

Toma diez respiraciones profundas. A veces, la mejor manera de salir de la depresión y aumentar la confianza es reducir la velocidad y respirar profundamente.

Los efectos de la respiración profunda se conocen desde hace mucho tiempo. Cuando prestas atención a tu respiración el estrés y los sentimientos negativos simplemente se evaporan porque tomamos el control de nuestro cuerpo y mente al

- Los atletas hacen ejercicios de calentamiento.
- Los músicos practican antes de subir al escenario.
- Los actores se colocan los audífonos para estar "en la zona" para su próxima escena.

¿Y tú? Deberías tener tu propia rutina de Rocky con una lista de reproducción de música, algunas frases inspiradoras, incluso movimientos que despierten tu ánimo.

12. Limpiar y limpiar

suministrarles más oxígeno. De esta forma sentimos que nuestra vida avanza a un mejor ritmo. Fácil, sencillo y poderoso.

11. Crea una rutina energética

Estar limpio y en un ambiente limpio cambia tu estado de ánimo. Lo siento amantes del desorden, pero la ciencia lo prueba. En un estudio de 2010, las personas que describieron sus espacios de vida como desordenados o llenos de proyectos sin terminar se sentían más deprimidas y fatigadas que las personas cuyos espacios estaban limpios y ordenados.

Más que cualquier otra cosa, la limpieza es un símbolo de

respeto y de autovalía que toma poco tiempo para ver mejoras. Es hora de renovar tu espacio de trabajo. Tira papeles viejos o cosas que ya no te sirven. ¿Te gusta todo lo que tienes sobre tu escritorio? Tal vez ya es hora de eliminar esa vieja tarjeta de felicitación del supermercado y la taza que alguien te dio en el intercambio de regalos de hace diez años.

¿Qué decir de tu armario? ¿Tienes ropa que te hace sentir pasada de peso o desarreglada? ¡Sácalo y obséquialo!¡Usa ropa que te brinde confianza!

13. Solo di que NO

Esta es una de las palabras más poderosas del planeta: no.
Tienes todo el permiso para negarte a lo que no quieres, porque no hay nada que bloquee más tu autovalía que decir siempre sí por temor, presión o vergüenza. Si tienes dificultades para decir que no, intenta decir "No lo hago"

Un estudio en el Journal of Consumer Research encontró que decir "Yo no" funcionó mucho mejor que decir "No puedo" porque decir "No puedo ir a la fiesta / comprar la suscripción / prestarte dinero…" suena a excusa. Al contrario, decir: "No quiero ir a la fiesta/comprar la suscripción/prestarte dinero…" comunica convicción y estabilidad. No hay nada peor que ir a un evento social incómodo o pasar tiempo con personas difíciles que no te agradan.

14. Sé amable

La bondad es graciosa porque hace que se sienta mejor quien es amable y también quien recibe amabilidad. Estudios demuestran que ayudar a las personas a través de voluntariado y acciones generosas minimiza el estrés y la depresión.

Cuando ayudas a mejorar la autovalía de los demás, también mejora la tuya. Hacer algo bueno por alguien beneficia a todos.

Revisa estas ideas:
- Escribe una tarjeta de agradecimiento.
- Llama a tu mamá o a quien tú quieras, y dile que la amas.
- Cómprale un café a alguien.
- Presenta a dos personas que deberían conocerse.

- Envía flores a alguien que nunca lo esperaría.
- Felicita a un extraño que parece tener un día difícil.
- Paga la comida de otra persona.

El psicólogo David De Steno estudió la relación entre el éxito y las emociones y aseguró que cuanto más pensamos en nuestros éxitos pasados, más éxito tendremos, porque las emociones que llama "prosociales" como la satisfacción y orgullo por lo realizado provoca que desarrollemos mayor resistencia y motivación para alcanzar nuevas metas futuras.

Por eso es valioso tener un archivo de éxito. ¿Cómo podemos hacerlo?
- Lluvia de ideas. Haz una lista de todos tus éxitos grandes y pequeños. Mejor si es un documento digital que puedas tener a mano.
- Además, diseña un póster o collage que puedas visualizar en diversos lugares frecuentes como tu baño, tu auto y billetera.

15. Inicia un archivo de éxito

- Aliméntalo con todo lo relevante para ti: correos electrónicos agradables de colegas, comentarios dulces en las redes sociales o notas de agradecimiento de amigos. ¡Revísalo cuando necesites una dosis de autoestima!

El antídoto contra la baja autovalía es enfocarnos en desarrollar nuestros talentos, especializarnos en aquello que hacemos bien. ¡Vale la pena el esfuerzo! Si tenemos en el corazón un sueño, apuntémosle a lograr esa meta y en el proceso se sumarán personas valiosas, así como buenas oportunidades. Todos queremos estar en paz y sentirnos apreciados. Si logramos asimilar que tenemos un enorme potencial y nos esforzamos por desarrollarlo, descubriremos nuestro incalculable valor, porque de verdad valemos, no es una exageración y simple discurso motivacional.

Creo que nunca me cansaré de repetir que fuimos creados por Dios como seres especiales para propósitos especiales. Él no crea inútiles, tenemos un diseño divino de acuerdo con su plan. Nuestro padre nos ha provisto de dignidad, valor y talento. ¡Aprovechémoslos!

Excell in what you do

Destaca en lo que hagas

10

> Si persigues la excelencia, puedes alcanzarla. Si persigues la perfección, nunca la alcanzarás.
> — Vince Lombardi

 xcell in what you do

♡ Destaca en lo que hagas.

Excelencia vs perfección

¿Ya te había comentado que soy una perfeccionista en recuperación? ¡Sí! Permíteme explicarte: desde que tengo memoria me he exigido perfección, y una perfección a mi manera, lo que me ha generado mucha ansiedad. ¿Sabes qué? La vida me ha enseñado que no sirve de mucho afanarse por lograr un estándar que además es totalmente subjetivo. Conforme fui trabajando en mí, descubrí que esa necesidad de perfección surgía de querer controlar mis circunstancias y tener seguridad, pero la segunda gran sorpresa fue descubrir que el "control" es una ilusión. Nunca podemos controlar 100% de lo que sucede. Cuando creemos que tenemos todo bajo control, de pronto te mandan a encerrarte en tu casa por tiempo indefinido porque un virus está provocando el caos mundial. ¿Te suena familiar? No me negarás que la vida tiene impresionantes formas de sorprendernos. Pero no te desanimes, fanático del control, hay tres cosas que sí podemos controlar. Repite conmigo: "Puedo controlar…

Estas tres áreas están 100% bajo nuestro control en lo que llamamos el círculo de mi responsabilidad:

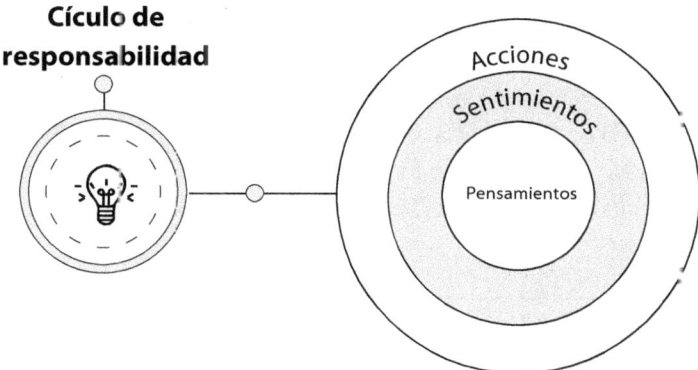

Si eres una persona perfeccionista en recuperación como yo, te recomiendo una estrategia que me ha funcionado: enfocar mi energía en lo que sí puedo controlar: mis pensamientos, mis sentimientos y mis acciones. ¿Te parece poco? ¡Es muchísimo! Inténtalo y verás que se siente muy bien trabajar en lo que sí podrás ver avances: en ti. Porque, créeme, por más que quieras, no puedes controlar nada ni a nadie más.

Por supuesto que es un proceso que toma tiempo. Yo sigo luchando con mi perfeccionismo; es muy difícil para mí decir: "Esto ya está completo y listo." Pero me motivo a confiar y hacer mi mejor esfuerzo por avanzar. ¡¡Si no lo hago, nunca terminaría un proyecto porque le vería algo que debe mejorar!! Me pasa con frecuencia, si no me crees, pregúntale a mi editora. Para publicar este y otros libros, literalmente me tiene que arrancar el manuscrito de las manos porque siempre quiero agregar algo conforme aprendo nuevas cosas. En cierta forma es fascinante porque refleja el eterno círculo virtuoso del crecimiento personal en el que siempre hay otro nivel, pero no puede convertirse en una espiral tóxica. Aquí es donde entra el balance que ofrece la excelencia.

Así que me lo repito: *"Está bien buscar la excelencia, no la perfección."* Porque sí es deseable alcanzar un alto nivel de calidad, competencia o habilidad; sí está bien hacer lo mejor posible y superar las expectativas en el desempeño de una tarea, actividad o profesión. De eso se trata la excelencia.

Lo que no está bien y nos desgasta es la obsesión por eliminar absolutamente todo rastro de defecto o error. Dicha obsesión nos impulsa a creer que es posible un estado ideal o idealizado en el que no hay margen para mejoras. La perfección busca la ausencia total de fallos o deficiencias en cualquier cosa que se haga. No sé si ya llegaste, como yo, a la conclusión de que la perfección absoluta es un objetivo imposible, ya que siempre hay algún aspecto que podría mejorarse.

EXCELENCIA	PERFECCIÓN
Se centra en alcanzar un alto nivel de calidad y competencia.	Busca la ausencia total de defectos o errores.
Se basa en esfuerzos continuos para mejorar y superarse a uno mismo.	Tiende a buscar un estado ideal e inalcanzable.
Puede ser subjetiva y relativa a diferentes contextos y disciplinas.	Tiende a ser un estándar absoluto y universal.
Es un objetivo realista y alcanzable.	Puede ser más una meta teórica o ilusoria.

Ambos conceptos pueden ser valiosos en diferentes contextos, pero es importante tener en cuenta que la búsqueda obsesiva de la perfección absoluta puede ser contraproducente o incluso limitante en muchos casos.

Aquí tienes algunos pasos que me ayudaron a mí y podrían ayudarte a romper el círculo vicioso de la búsqueda de la perfección:

1. El primer paso para superar el perfeccionismo es **tomar conciencia** de que tienes esta tendencia y aceptarla. Reconoce que el perfeccionismo puede ser agotador, limitante y generar ansiedad.

2. **Acepta que nadie es perfecto y que los errores y las imperfecciones son parte natural de la vida.** Establece expectativas realistas para ti mismo y para las situaciones en las que te encuentras.

3. Cambia tu enfoque de buscar la perfección hacia **reconocer y celebrar el progreso que haces.** Aprende a valorar tus esfuerzos y logros, incluso si no son perfectos. Celebra los avances y los pasos que te acercan a tus metas, sin importar lo pequeños que sean.

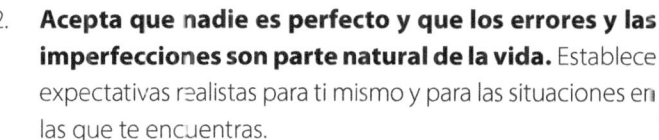

4. **En lugar de temer a los errores, utilízalos como oportunidades** para aprender y crecer. Los errores son parte del proceso de aprendizaje y te brindan información valiosa para mejorar. Aprende a aceptarlos como experiencias de las que puedes extraer lecciones y ajustar tu enfoque.

5. El perfeccionismo a menudo está relacionado con altos niveles de estrés y presión. Asegúrate de dedicar tiempo a cuidar de ti mismo y de tus necesidades. **Prioriza el descanso**, la relajación y actividades que te brinden placer. Establece un equilibrio saludable entre el trabajo y la vida personal.

6. Si tiendes a cargar con toda la responsabilidad y a creer que solo tú puedes hacer las cosas correctamente, **aprende a delegar tareas y a pedir ayuda** cuando sea necesario. Reconoce que los demás también son capaces y pueden contribuir de manera efectiva.

7. **Aprende a aceptar tus imperfecciones y a perdonarte a ti mismo por los errores cometidos.** Todos somos humanos y es natural cometer errores. Cultiva una actitud compasiva y amable hacia ti mismo.

8. Si el perfeccionismo te está afectando significativamente, **considera buscar apoyo adicional** a través de un terapeuta o consejero. Ellos pueden ayudarte a explorar las causas subyacentes de tu perfeccionismo y brindarte estrategias más personalizadas para superarlo.

> *La excelencia no es un regalo, es una actitud.*
> — Ralph Marston

La tri-milla extra

Veamos otro aspecto muy puntual relacionado con la sana excelencia y el esfuerzo por destacar en todo lo que hacemos. Cuando abrí mi despacho de abogada teníamos un dicho en la oficina: "Hay que dar la tri-milla extra por nuestros clientes." ¿Qué significa? Pues dar tres veces más de lo que se espera de nosotros, poner un esfuerzo adicional, dedicar más tiempo, energía o recursos de los necesarios para cumplir con una tarea o satisfacer las necesidades de alguien. Creo que por eso luego estudié psicología, ya que las respuestas legales son objetivas y lineales, pero frente a esos procesos, las personas enfrentan emociones y pensamientos que no son fáciles de manejar.

Al dar la milla extra, demuestras compromiso y dedicación excepcionales hacia tu trabajo, responsabilidades o relaciones personales. Esto implica estar dispuestos a superar las expectativas para lograr un resultado excepcional.

Dar la milla extra puede manifestarse de diferentes maneras, por ejemplo: trabajar horas adicionales para completar un proyecto, brindar un servicio excepcional al cliente, ayudar a un compañero de trabajo en su tarea, tomar la iniciativa para resolver un problema.

Es cuestión de decisión y actitud, ¿estás dispuesto a dar la tri-milla extra aunque nadie te lo agradezca?

Gratitud y excelencia

¿En qué se relacionan la gratitud con la excelencia? La gratitud también puede ser un impulso para seguir buscando la excelencia y mantenernos motivados en nuestras metas. Al reconocer y valorar lo que hemos logrado, podemos encontrar inspiración y energía para seguir adelante y mejorar continuamente.

Si bien la gratitud no es un requisito para alcanzar la excelencia, *su práctica puede enriquecer nuestra vida, mejorar nuestro bienestar emocional y fortalecer nuestras relaciones.* La combinación de excelencia y gratitud puede ser una poderosa herramienta para vivir una vida plena y satisfactoria.

Aunque no es necesario ser agradecidos para lograr la excelencia, la práctica de la gratitud puede tener un impacto positivo en nuestra vida.
¿Qué te parecen todas estas herramientas? ¡Tienes suficientes para ir paso a paso! Si vas trabajando poco a poco, te aseguro que alcanzarás paz y felicidad en tu vida. Te sugiero que priorices; escoge uno de los temas que más te afecten para trabajar en ello y pasar al siguiente conforme sientas que te fortaleces en dicha área.

He descubierto que Dios me guía a trabajar ciertos aspectos en diferentes épocas. Lo primero fue mi autovalía, luego mi perfeccionismo; después me desafió a enfrentar y superar mis miedos.

Por supuesto que la vida te presenta situaciones en las que todo se mezcla,

Nos ayuda a enfocarnos en lo positivo, por lo que nos aleja del perfeccionismo.	Nos permite apreciar lo que tenemos y brindarlo a los demás, lo que nos acerca a la actitud de ofrecer la trimilla extra.	Nos ayuda a desarrollar una mentalidad más resiliente, lo que nos impulsa a salir de nuestra zona de confort y abrazar lo que está por venir, convencidos de que nuestra voz provocará un impacto positivo en nuestro mundo.

pero es valioso tomarnos el tiempo para revisar nuestros avances en cada área: propósito, determinación, autovalía y confianza. Lo cierto es que siempre, siempre, habrá oportunidad para seguir aprendiendo y mejorando. Eso es lo apasionante de ver hasta dónde podemos llegar siendo intencionales en nuestro crecimiento personal. ¡Tu vida vale la pena! Solo tú puedes luchar por ser feliz porque es una decisión tuya. ¡Ánimo, puedes lograr que tu voz se escuche fuerte y clara!

¡Actúa y sé imparable!

¡Hazlo ahora!

> *Nadie alcanza el éxito sin correr riesgos... Hay que ser capaz de reconocer el momento y aprovecharlo sin demora.*
> — Estée Lauder

La expresión "Hazlo ahora" se atribuye a la empresaria y autora estadounidense Estée Lauder, quien fundó la compañía de cosméticos que lleva su nombre, y se convirtió en una marca icónica en la industria de la belleza. La famosa frase: "Hazlo ahora" refleja su impulso a la acción y la determinación para lograr sus objetivos.

Desde sus humildes comienzos en Nueva York, donde inició en su cocina mezclando y experimentando con fórmulas de cremas para el cuidado de la piel, ella se convirtió en una voz potente e influyente en la industria y dejó un legado que ha trascendido en el mundo de la belleza y de los negocios.

De esta visionaria empresaria y de muchos otros modelos de determinación, hemos aprendido que de nada sirven los planes que no se ejecutan, así que tomar acción es fundamental por varias razones:

1. **Logro de metas:** La acción es esencial para alcanzar nuestros objetivos. Sin acción, las metas se quedan en meros deseos. Tomar medidas concretas nos acerca a lo que queremos lograr.

 2. ***Aprendizaje y crecimiento:*** La acción nos permite experimentar, aprender y crecer. A través de la acción, enfrentamos desafíos y adquirimos nuevas habilidades y conocimientos.

 3. ***Prevención de la procrastinación***: Postergar las cosas puede llevar a la inacción crónica. Tomar acción inmediata evita caer en la trampa de la procrastinación y evita sentirnos atrapados en un ciclo de indecisión.

(4.) **Construcción de confianza:** Cada vez que tomamos acción y logramos resultados, fortalecemos nuestra confianza en nuestras capacidades. Esto a su vez nos motiva a tomar más acciones y asumir desafíos mayores.

(5.) **Adaptación al cambio:** La vida está llena de cambios y desafíos imprevistos. Tomar acción nos permite adaptarnos a nuevas situaciones y encontrar soluciones a problemas en constante evolución.

(6.) **Generación de momentum:** La acción genera impulso. Una vez que comenzamos a tomar medidas, es más probable que continuemos haciéndolo, creando un ciclo positivo de avance constante.

(7.) **Reducción del arrepentimiento:** La inacción puede llevar a arrepentimientos futuros por no haber intentado algo. Tomar acción nos permite enfrentar las situaciones con valentía y reducir la posibilidad de lamentar no haberlo intentado.

(8.) **Inspiración a otros:** Nuestras acciones pueden inspirar a otras personas. Al tomar medidas audaces y alcanzar nuestros objetivos, podemos motivar a quienes nos rodean a hacer lo mismo.

(9.) **Mejora del bienestar emocional:** La sensación de logro y satisfacción que proviene de tomar acción puede contribuir significativamente a nuestro bienestar emocional y mental.

(10.) **Creación de oportunidades:** La acción puede abrir puertas a nuevas oportunidades. A veces, las mejores oportunidades surgen de las decisiones y pasos que tomamos.

En resumen, tomar acción es esencial para el avance y la realización personal. No solo nos ayuda a alcanzar lo que queremos en la vida, sino que también nos empodera y enriquece nuestra experiencia.

> *No te preocupes por cometer errores. Preocúpate por las posibilidades que pierdes cuando no lo intentas.*
> — Jack Canfield

Usa tu voz para impactar positivamente tu vida y la de quienes te rodean.

Bibliografía

- Bosché, Brian and Gabrielle (2020), The Purpose Factor: Extreme Clarity for Who You're Here and What to Do About It. Nashville: Post Hill Press.

- Bucay, Jorge. (2008), El elefante encadenado. Barcelona: Editorial Molino.

- Covey, Stephen. (1992), Primero lo primero. Barcelona: Ediciones Paidós.

- DeSteno, David (2019), Emotional Success. United States: Eamon Dolan Books Paper.

- Kashdan, T. B., & Steger, M. F. (2006), Expanding the topography of social anxiety: An experience-sampling assessment of positive emotions, positive events, and emotion suppression. Psychological Science, 17(2), 120-128

- Maxwell John. (2003), El mapa para alcanzar el éxito. Nashville: Editorial Caribe-Betania.

- Osteen, Joel. (2011), Cada día es viernes. Tennessee: Faith Words

- Pink, Daniel. (2010), Drive. La sorprendente verdad sobre qué nos motiva. España: Gestión 2000.

- Warren, Rick. (2012), Una vida con propósito: ¿Para qué estoy aquí en la tierra? (Purpose Driven Life) (Spanish Edition) Michigan: Editorial Vida.

www.ingramcontent.com/pod-product-compliance
Lightning Source LLC
LaVergne TN
LVHW011425080426
835512LV00005B/265